좋은 삶의 기술

The Art of Living Well

좋은 삶의 기술

The Art of Living Well

이종견

yeon
doo

차례

○ 프롤로그
생각을, 다시 또다시

얼굴 스친 바람은 사라지고, 어제 말들은 자취가 없다.
살아오며 했던 숱한 말들과 행동들.
그것들이 그리도 벅차게 담았던 격정들과 생각들.
풀벌레 소리, 뭉게구름, 차가운 바람과 엉겼던
간절한 욕망과 사랑과 미움과 섭섭함과 아픔들.
지금은 먼지 그림자마저 없다.
다만
여전히 일렁이는 아쉬움,
그리고 뒤따르는 미미한 흉통.

문득 생각나는 그는 지금 어디서 무얼 하고 있을까.
나의 죽은 이들은 지금 무엇으로 있을까.
죽어가는 이들은 어떤 생각에 잠겨 있을까.

살아가는 모든 순간은 단 한 번이며,
우리의 삶 또한 단 한 번이다.

떠난 사람은 돌아오지 않으며,

다시 만나는 사람은 그때 그 사람이 아니다.

살아간다는 것은

나에게서 시간이 빠져나가는 것이며,

시시각각 변하는 것이며 죽어가는 것이다.

잘 살고 싶다.

좋은 삶을 살고 싶다.

쉼 없이 줄어드는 촛불 심지, 아껴 쓰고 싶다.

길을 막 내는 어린 생명 앞에,

거대한 세상 바다 첫발 딛는 청춘 앞에,

무거운 짐 잔뜩 메고 비탈길 오르는 중년 옆에,

광대한 사막 지나온 노년 뒤에,

가벼운 말들이 난무한다.

범인이 마치 현자인 냥 내뱉는다.

"뭘 훌륭한 사람이 돼. 그냥 아무나 돼."[1]

잠시 머물다 땅에 떨어질 발언들로 영혼을 부추긴다.

어떤 이들은 삶에는 의미 따위 필요 없다, 인생의 목적이란 없다,

---

1) 이효리가 텔레비전에 등장해 어느 초등생 소녀에게 했다는, 그리고 적잖은 사람들, 특히 20대와 30대가 많이 열광했다는 이 말은, 인간됨의 사태를 정면으로 부정한다. 인간은 자신의 소질과 잠재성을 세계 속에 펼쳐냄으로써 충만함을 얻는 존재다.

열심히 살려고 하지 마라, 소확행의 삶을 살아가라, 미래를 위해 현재를 희생하지 마라, 어떤 이들은 목적이 이끄는 삶을 살아라, 비전 있는 삶을 살아가라는 등, 마음을 흔들고 사로잡고 어지럽힌다.

삶은 무겁고 또 가볍다. 인생은 길면서도 짧다. 이러기도 하고 저러기도 하다. 삶의 여정은 직선이기도 하고 곡선이기도 하며, 끊어진 파선이기도 하고 보이지 않는 질서의 선이기도 한다. 지금 여기도 중요하지만, 그때거기도 아득한 미래도 중요하다. 사랑도 중요하고 믿음도 소망도 중요하다. 태어나는 자도 늙어가는 자도 죽어가는 자도 중요하며, 살아있는 것이나 죽은 것이나 다 소중하다.

인간은 단순하면서도 복잡하다. 모순적이면서도 일관성을 요구하고, 때로는 이것도 저것도 아닌, 언어가 결핍된 지대의 감정에 빠진다. 믿으면서도 믿지 않고, 얻으면서 잃는다. 관계는 운명이다. 부모와 형제와 친구도 소중하고, 사회와 국가와 지구의 구성원, 곧 모든 인간이 소중하다. 몸도 마음도 아프고 허하다. 빵도 필요하고 장미도 필요하다. 좋은 공기도 필요하고 좋은 풍경도 필요하다. 스마트폰도 필요하고 철학도 필요하다. 시도 예술도 경제도 정치도 중요하고, 돈 되는 것도 돈 안 되는 것도 중요하다.

인간의 삶은 불안정하고 복잡하며 연약하면서도 강고하다.
똑같이 반복할 수 없고 사람마다 다르며,

때마다 다르고 처지마다 다르다.

하나의 말, 하나의 문장, 하나의 생각은 그저 '하나'의 생각으로 족하다.

진짜 인생은 살아가며 두고두고 배우고 생각하고 고민할 일이다.

긴 호흡으로 깊고 넓게 살펴볼 일이다.

단박에 어찌할 수 있는 일이 아니다.

그런데 우리는 당장 말하고 행동하고 살아야 한다.

티끌 모여 태산 되듯 '당장'이 모여 전 생애가 된다.

우리는 영원히 잘 살 길도 필요하지만, 당장 잘 살 방도도 필요하다.

이 책은 당장과 영원을 오가며 썼다.

그래서 당장과 영원의 삶 모두에 못 미친다.

각자 자신의 생각으로 바꾸거나 채울 일이다.

감히 빌려 쓴 명령과 진술 형식은 쉽게 전달할 욕심이니,

무게감은 통째 버리고 가볍게 대하면 될 일이다.

여기에 옮긴 생각들이 좋은 삶을 사는 데 필요한 작은 생각거리가 되길 소망한다.

곧 낙엽 지고 추운 겨울 오겠지만,

영혼의 온기 잃지 않도록

죽은 나뭇가지 바지런히 주워 지필

불씨 하나 잘 지켜야겠다.

0

우리 모두 좋은 삶을 살고 싶다

▷ 제로 place, 헤미면, 2013.

유장悠長하게 흐르는 섬진강처럼 평화롭고 넉넉한 삶.

햇살에 반짝이는 바닷가 모래처럼 잔잔한 기쁨이 머무는 삶.

온갖 벌레 소리 품은 지리산처럼 포근하고 낯선 감각으로

설레는 삶.

언제 찾아오는 죽음에도 회환의 미련 없는 흡족한 삶.

모든 순간이 생명력으로 충만한 삶.

선연히 떠오르는 풍경이 뽀얀 아지랑이처럼 아련하다.

산맥의 경계를 치는 붉은 띠 노을이 애틋하다.

산 자는 사선의 긴장이고 죽은 자는 수평의 정지停止다.

삶은 부단한 소음이며 죽음은 영원한 침묵이다.

삶의 찰나와 죽음의 영원 사이,

혹은 영원한 현존과 보이지 않는 부재不在 사이,

아름다운 풍경이 펼쳐지고 고혹적인 음악이 흐른다.

그리고 어떤 생각이 일어난다.

우리의 삶은 왜 이렇게 힘겨운가?

우리 모두 살고 싶은 대로 살고 싶은데

돈과 인간관계가 발목을 잡는다.

현실의 무게로 마음과 몸이 가라앉는다.

심신이 조여든다.

현실도 내 마음대로 할 수 없고,

내 마음도 현실에 맞출 수 없다.
현실 세계의 승자들(권력자, 재벌, 유명인)이라고 어찌할 수 있을까.

이 허허로워 지독한, 꿈인 듯 아닌 듯한 인간 세상에서,
결핍과 갈등과 고통이 난무하는 이 현실 세계에서,
좋은 삶을 사는 것은 (불)가능한가?

좋은 삶이란 무엇인가?
나쁜 삶은 뭉개진 도시 소음처럼 익숙한데
좋은 삶은 가을 저녁 바람처럼 잡히지 않는다.
낯선 새소리가 들린다.

1

'행복한 삶'이 '좋은 삶'은 아니다

▷ 배렴 가옥, 서울, 2018.

'좋은 삶'이란 무엇인가?

많은 사람은 '행복한 삶'이 '좋은 삶'이라고 생각한다.

행복한 삶이 삶의 목적이라 여기며 그것을 꿈꾸고 붙잡으려 애쓴다.

그리 생각하는 것은 맞기도 하고 그르기도 하다.

행복한 삶은 분명 나쁜 삶은 아니다.

그런데 그렇다고 좋은 삶이라고도 할 수 없다.

도리어 좋은 삶뿐 아니라 아이러니하게 '행복한 삶'도 문제가 된다.

대부분의 사람은 행복한 삶을 동경한다.

그리고 권력, 돈, 명예가 그러한 삶을 가능하게 해주리라 생각하며

그것들을 얻기 위해 애쓴다.

'지금 여기'를 기꺼이 헌납한다.

그런데 어떤 사람들은 행복하기 위해 거꾸로 '지금 여기'에

집착한다.

'지금 이 순간에 충실하라.'는 뜻의 멋진 라틴어 '카르페 디엠'에,

'소소하고 확실한 행복'을 뜻하는 유행어 '소확행'에 영혼을 맡긴다.

행복을 갈망하지만,

어떤 사람은 이쪽을 쳐다보고

어떤 사람은 저쪽을 쳐다본다.

'불행한 가난뱅이'는 돈이 있으면 행복하리라 상상하고,

'불행한 부자'는 다른 것을 상상한다.

양측 모두 결핍된 것에 붙잡혀 있다는 점에서는 똑같다.

그런데 행복한 느낌, 곧 행복감은
'잠깐' 누릴 수는 있겠지만 결코 오래 가지 않는다.
반복하거나 지속하면 어떤 것이든 둔해져 사라진다.
그의 손을 처음 잡을 때 느낀 떨림은 계절을 못 이긴다.
그렇게 맛있던 것도 먹고 또 먹으면 감동이 사라진다.
아쉬움은 반복을 부추기고, 반복은 중독을 부른다.
허한 마음은 밑구멍 뚫린 장독처럼 채우고 또 채워도
채워지지 않는다.
감각은 그렇게 작동한다.

그리하여 감각에 기대는 행복은 쉽지만 악순환을 부른다.
맛있는 것을 마음껏 먹으며,
재미있는 놀이나 게임을 마음껏 하면,
재미있는 영화를 마음껏 보면,
평화롭고 즐거워 신선이 된 느낌이다.
또 하고 싶고, 더 오래 더 많이 하고 싶다.
강도를 올리고 빈도를 늘리고 싶다.
종착점은, 심하든 약하든, 중독이다.
강박적 반복으로 주객이 뒤바뀐다.
우리 마음대로 하던 감각이 우리의 주인이 되고,
우리는 감각에 따르는 충복^{忠僕}으로 전락한다.
쉽게 버는 돈이 쉽게 나가듯, 그래서 그만큼 더 아쉽듯 쉽게 얻는 즐거움은 쉽게 중독되고 큰 대가를 치른다.

건강을 해치고 소중한 삶의 시간과 때를 잃는다.

후회는 너무 늦고 불행은 언제나 감당하기 힘들다.

감각의 중독은 몸도 상하게 하지만 선한 마음마저 흐린다.
『사람들은 왜 자신을 흐리멍덩하게 만들까』라는 책에서
톨스토이는 이렇게 썼다.

"사람들은 살던 대로 살 수 있기 위해 자신이 믿을 만한 내면의 방법, 곧 멍하게 만드는 물질들로써 뇌를 오염시켜 양심 자체를 어둡게 만드는 방법을 사용한다."[2]

젊었을 때 거의 모든 중독 물질을 경험한 톨스토이에 따르면, 담배를 피우면 정신이 맑아진다고 하지만, 그러한 욕망이 생기는 것은 항상 무언가 기억하고 싶지 않을 때라거나 생각하고 싶지 않을 때다. 혹은 해서는 안 될 것을 하고 싶을 때다. 그리함으로써 살던 대로 살고 싶기 때문이다. 우리는 톨스토이의 통찰에서 적어도 두 가지를 배운다. 첫째, 대부분의 악행은 말짱한 정신으로는 실행하기 힘든 까닭에, 열의 아홉은 먼저 술을 마시거나 담배를 피운다. 곧 담배, 술, 마약 등을 하게 되는 것은 그것을 하고 싶어 하는 조건이 있는데, 그것은 곧 우리 내면의 비평가를 멍하게 하는 것이다. 둘째, 담배든 술이든 마약이든 중독성을 띤 물질은 모두 정신을 흐리게

2) Leo Tolstoy. *Why Do Men Stupefy Themselves*. The Perfect Library. Kindle Edition.

하는 까닭에, 반주飯酒처럼 규칙적으로 소량을 섭취해도 효과가 비슷하다. 잠시 즐겁고 느긋하게 시간을 보내기 위해서라거나, 기분을 잠시 전환하기 위해서라거나, 다들 그렇게 한다고 말하지만, 그래서 그로써 판단력이 '약간' 흐려지기는 해도 문제될 것 없다고 하지만, 그렇게 말하는 것은 "돌과 충돌하면 시계가 상하지만, 약간의 먼지가 들어가는 것은 탈날 일이 아니다."라고 말하는 것과 똑같이 사리에 맞지 않다.

그러므로 끼니때마다 챙겨 먹는 달달한 디저트를 '소확행'쯤으로 여긴다면, 다음의 이야기를 깊이 유념할 필요가 있다.

19세기 전반 러시아 최고의 화가 중 한 사람인 카를 브륨로프Karl P. Bryullov가 어느 날 학생의 연습 작품을 교정했다. 그가 수정한 드로잉을 힐끗 본 학생이 아주 조금밖에 손대지 않았다고 투덜대자, 그는 이렇게 말했다. "예술은 사소한 것이 시작되는 곳에서 시작된다." 이 이야기를 옮긴 톨스토이는 다음과 같이 썼다. "그 말은 예술뿐 아니라 모든 삶에도 명백히 참이다. 진짜 삶은, 사소한 것이 시작되는 곳에, 우리가 보기에 아주 작은 변화가 발생하는 곳에서 시작된다." 예컨대 진정한 삶을 사는 것은 살인과 같은 큰 사건이 아니라 소파에 누워 어디서 살아야 할지, 엄마 돈을 받아야 할지 말지 등 이런저런 사소한 생각을 할 때다. 그때 우리는 가장 머리가 맑은데, 맥주 한 잔이나 담배 한 개피 등은 그것을 방해한다. 그런데 어렵고 고통스러운 일에 직면해 정작 명철한 생각이 필요할 때, 우리는 마음이 약해져 그것을 피하고 싶어 그리한다.

행복감이 좋은 삶을 사는 데 나쁜 것은 아니다.
때때로 맛있는 음식을 나누며
친구와 격의 없이 수다 떠는 즐거움이,
특별할 것 없는 일상의 삶을 살아가는 데
얼마나 소중한지 우리 모두 안다.
문제는 빛이 밝을수록 그것이 드리우는 어둠이 짙듯
그 경험이 좋을수록, 그것이 남기는 미련이 클수록
그 시간을 벗어나 곧바로 편입되어 살아가는
일상이 더 힘겨워진다는 것이다.
일상이 건강하고 좋으면 그럴 일이 없다.
친구와 갖는 비일상적인 행복감은
일상을 더 역동적으로 살아가게 하는
잠깐의 해방구나 재충전 에너지지,
우리를 충동하고 갈망하게 하는 경험이 아니다.
행복감은 그렇게 잠깐 들이마시는 신선한 공기지,
일상사가 된다거나 자주, 그리고 길게 가질 것이 아니다.
외식을 '집밥'으로 삼을 수 없는 노릇과 같은 이치다.

그리고 어떤 것이든, 죽을 때까지 가는 행복감은 없다.
인생에서 즐거운 순간은 몇 없고 짧으며,

그 나머지 그저 그런 시간은 길다.

더더구나

행복한 삶을 추구하면

삶이 도리어 불행해진다.

행복에 치중할수록 더 우울해진다.

행복의 조건을 만족시키려는 행위가 행복을 앗아가기 때문이다.

여러 연구 결과가 입증하듯 행복이 우리를 압박하기 때문이다.

행복은 아이러니다.

의식할수록 달아난다.

붙잡으려 애쓸수록 빠져나간다.

마치 지상에 도달할 때까지는 절대 뒤를 돌아보지 말라는

경고를 받고서도,

더 정확히 말하자면 바로 그러한 경고를 '받았기 때문에'

뒤를 돌아본,

그리하여 사랑하는 사람 에우리디케를 영영 잃어버린

오르페우스처럼

붙잡으려고 애쓸수록 붙잡지 못하는 역설에 빠진다.

행복은 쫓아가 잡을 수 있는 부동不動의 사물이 아니라

다가갈수록 사라지는 봄날 아지랑이거나 무지개에 가깝다.

마치 진짜 좋은 정치란 없는 듯 있는 것처럼

마치 진짜 좋은 친구란 마음 쓸 일 없는 것처럼

진짜 좋은 것은, 마음 조리고 애쓰게 하는 무엇이 아니라
마치 선물처럼 주어지는 맑은 공기처럼 마음 쓸 일 없는 것이다.
볼테르Voltaire의 글 「어느 훌륭한 브라만」[3]은 행복의 모순을
잘 보여준다.

볼테르는 여행 중 늙은 브라만을 만났다.
당대의 지성인인 자신이 보기에, 매우 현명하고 지성이 특출하며
학식이 대단했다.
게다가 부자이며 지혜로워 어떤 결핍도 없었다.
그는 아름답게 꾸민 매력적인 정원이 딸린 집에 살았는데
그 옆집에는 고집불통이며 다소 가난한 늙은 인도 여인이 살았다.

어느 날 브라만이 볼테르에게 이렇게 말했다.
"태어나지 않았으면 좋으련만!"
볼테르가 놀라워 그 이유를 묻자 그는 이렇게 대답했다.
"40년간 공부했지만 다 허사다. (생략) 나는 내가 왜 존재하는지 모른다. (생략) 사람들이 왜 악이 지상에 만연하는지 알려달라지만, 나는 그것을 묻는 사람들만큼 곤경에 빠진다. (생략) 고대의 책들을 읽었지만, 어둠이 두 배로 늘어났다. (생략) 모조리 탐구한 후에도 내가 어디서 왔는지, 어디로 가는지, 나는 무엇인지, 나는 무엇이 될지 모른다."

3) *The Portable Voltaire*. Ed. by B. R. Redman. Penguin Books, 1977.

볼테르에 따르면,

그 브라만은 이해력이 늘고 통찰력이 성장할수록

거기에 비례해 불행이 증대했다.

같은 날, 옆집 늙은 여인을 본 볼테르는 다가가 물었다.

자신의 영혼에 대해 무지하다는 생각으로, 혹 심란한 적이 있는지.

여인은 볼테르의 질문조차 이해하지 못했다.

여인은 브라만을 괴롭힌 것 중 어느 하나에 대해서도,

평생, 단 한 순간도, 생각해본 적 없었다.

여인은 비슈누의 화신化身을 전심으로 믿었으며,

몸을 씻을 약간의 갠지스 강물만으로,

자신이 가장 행복한 여인이라고 생각했다.

볼테르는 다시 브라만에게 돌아가 물었다.

"옆집의 늙은 자동 인형은 아무것도 생각하지 않으면서도 만족스럽
게 사는데 정작 너는 불행하다는 것이 부끄럽지 않느냐?"

그가 대답했다.

"네 말이 맞다. 내 이웃처럼 뇌가 없다면 행복할 수밖에 없다며 나
스스로 백 번이나 말했지만, 나는 그런 행복은 원하지 않는다."

볼테르는 행복해지는 법이 안고 있는 큰 모순에 직면했다.[4]

그리하여 브라만과 여인의 문제를 주변의 철학자들에게

4) 밀J. S. Mill이 던진 다음의 질문도 같은 맥락이다. "왜 만족하는 돼지보다 불만족
하는 소크라테스가 더 나은가?"

묻고 물었지만,

어느 누구도 늙은 여인 편에 서지 않았다.

그는 이렇게 결론지었다.

만일 행복의 문제를 생각한다면, 이성理性의 문제를

더 생각해야 마땅하다.

그런데 곰곰이 생각해보니 행복보다 이성을 선호하는 것은

매우 무분별하다.

그리하여 볼테르는 이렇게 글을 끝낸다.

이 모순을 어떻게 설명할 수 있을지, 많은 이야기가 필요하다.

볼테르가 처한 모순은 다음을 웅변한다.

삶의 어떤 가치는 행복보다 더 중요하다.

혹은 더 좋다.

행복을 추구하는 삶이 초래하는 또 다른 문제는

삶의 빈곤이다.

빛과 어둠, 기쁨과 슬픔, 쾌락과 고통 등에 걸친

다양하고 풍부한 삶의 경험과

이웃과 사회와 세계의 인간적인 문제들을

단순히 개인의 '행-불행'의 관점에서 봄으로써

인간됨에 요청되는 삶의 다른 중요한 문제들을

보지 않거나 소홀히 한다.

예컨대 행복하기만 한 사랑은 잠시다.

오래 참고 기다리며 상처를 낳지 않는 사랑은 없다.

그리고 좀 더 나은 사회(민주주의)를 만들기 위해 바치는 희생과 노고, 기근과 질병에 시달리는 엄청난 수의 사람의 고통, 전쟁과 폭력과 생계 문제가 야기하는 이주移住의 시련, 나날이 절박성이 더해가는 지구 환경 위기 등 외부적 사태에 대한 관심과 참여뿐 아니라 상실과 고통을 통해 성장하는 인간의 내면 등을 외면한다.

그러므로 행복은

우리가 쫓아가 꼭 붙잡아야 할 삶의 목적이 아니라

'좋은 삶'을 살 때 부수적으로 생기는,

'좋은 행위'가 수반하는 즐거움으로 생각하는 편이 타당하다.

밥을 먹기 전에 하는 가벼운 운동과 샤워,

밥을 먹고 나서는 느긋한 산책,

고되지만 해야 할 일을 기어코 끝내는 인내,

형편이 변변하지만 돕거나 기부하는 일,

당장은 힘들고 경제적으로 어렵지만

나의 영혼에 부합하는 일을 찾아나서는 방황,

이러한 것들은 가치가 있고 의미가 있을 뿐 아니라

종종 행복감을 덤으로 준다.

그런데도 우리는 왜 이다지도 행복하려 애쓰는가?[5]

5) 우리 주변에는 행복에 관한 책들과 강연들이 차고 넘친다. 심지어 미국 대학

지금도 왜 이렇게 진학, 직업, 커리어, 결혼, 양육, 사업 등에
성공하기 위해,
번듯한 집과 차와 이런저런 명품을 갖기 위해,
정신없이 사는가?
소중한 사람들과 함께 지낼 시간조차 없는가?
왜 우리는 늘 시간이 부족한가?
마음의 평화를 종종 잃는가?

답은 의외로 간단하다.
우리가 사는 세상이 우리가 그리 살도록 닦달하기 때문이다.
불굴의 의지로 노력하면 행복을 거머쥘 수 있으리라는 환상을
심었기 때문이다.
그런데 행복을 우리가 쟁취할 수 있는 무엇이라고 생각하게
된 것은,
계몽과 산업혁명이 열어젖힌 현대 세계 이후다.
그 이전 사람들은 행복을 개인이 좌지우지할 무엇으로 생각하지
않았다.
행복이라는 말뜻이 그것을 알려준다.
영어 '행복happiness'이라는 말이 유래한 고대 독일어 'happ'는 '행운'
을 뜻한다.
행복에 해당하는 스페인어 'felicidad'와 이탈리아어 'felicite'도
'행운fortune'을 뜻한다.
교에는 행복을 가르치는 과목과 전공도 있다.

프랑스어 'bonheur'도 '좋은 행운good fortune'을 뜻한다.

고대 그리스어 'eudaimonia'도 '좋은 정령daemon'을 뜻한다.

한자어 '행복幸福'도 '복된 운수'를 뜻한다.

행복이라는 것은,

개인의 선택과 행동이 아니라 모종의 신성한 존재가 베푸는

선물인 셈이다.

18세기 후반에 이르러 개인과 기술이 세계의 중심이 되면서

행복에 대한 관념이 통째 바뀌었다.

개인이 자신의 노력으로 획득하는 자원들로써 행복을 획득할 수

있다고 믿었다.

그리하여 우리나라도 그렇고 미국도 그렇고,

행복을 개인이 추구할 수 있는 '권리'로서 헌법으로 명시했다.

대한민국 헌법 제10조.

"모든 국민은 인간으로서의 존엄과 가치를 가지며, 행복을 추구할

권리를 가진다."

좋은 직장, 좋은 인간관계, 단란한 가족, 집, 건강 등은

행복을 추구할 권리를 행사하는 방편이다.

지금 우리가 사는 세상은 그것들을 위한 욕망으로 유지되고

돌아간다.

그 욕망이 사라지면 세상은 멈춘다.

세상이 우리를 위해 존재하는 것이 아니라

우리가 세상을 위해 존재한다.

세상의 틀 '안에서' 행복을 얻으려 애쓴다.

세상이 약속하는 성공적인 삶을 위해 분투한다.

상품 마케팅 자유 시장 사회라는 세계를 위해.

행복을 떠미는 세상은 우리의 삶을 불행하게 한다.

그러므로 우리는 세상의 닦달에서 좀 자유로워야,

행복한 삶이든 좋은 삶이든,

그것이 우리에게 도대체 무엇이며

어떻게 가능한지 곰곰이 생각해볼 수 있고,

우리 자신의 방식으로 실천해볼 수 있다.

내 삶의 주인은 나이기 때문이다.

2

'나'가 문제의 뿌리다

▷ 겨울 들판, 홍성, 2015(시인 허수경).

때때로

혹은 거의 늘

우리는 왜 살기 버겁고 고통스러운가?

젊은이든 늙은이든 왜 삶이 불안정하고 엉클어져 있는가?

우리는 왜 만족스럽게 살지 못하는가?

깨달은 자에 따르면

탐진치貪瞋癡, 탐욕과 노여움과 어리석음라는 삼독三毒 때문이다.

탐욕과 노여움도 어리석음에서 생기니,

줄여서 어리석음이라 해야겠다.

어리석은 자는,

마음이 어두워 현상을 제대로 못 보는 까닭에

욕심내고 성낸다.

'밝은이'는 현상을 어찌 보는가?

모든 번뇌는 아상我相에서 오며,

'나'(자기/자아)라 이름할 수 있는 실체가 없다.

그런데도 모두 거기에 매여 산다.

우리는 존재하지도 않는 '나'를 붙잡고 있다는 것이며,

그로써 고통에서 헤어나지 못한다는 것이다.

모든 것은 '나'라는 허상虛像 때문이라는 것이다.

'나'가 문제의 뿌리다.

좋고 나쁜 것,

사랑하고 미워하는 것,

이 모든 것은 과연 '나'에게서 비롯한다.

'나'가 가치의 판관이며 욕망의 원천이다.

존재하는 것은 그저 존재할 뿐인데,

장미도 야생화도, 소나무도 대나무도

그것 그대로 있을 뿐인데

'나'는 저것보다 이것을 좋아한다.

그리고

내가 사랑하는 것은 좋은 것이어서 더 가까이,

내가 미워하는 것은 나쁜 것이어서 더 멀리 두고 싶다.

내가 좋아하는 것은 한껏 갖고 싶고,

내가 싫어하는 것은 모조리 없애고 싶다.

나에게 쓸모 있는 것은 가치가 있고,

나에게 쓸모없는 것은 무가치하다.

그런데 희한하게도

세상의 무수한 '나'는 같은 것을 욕망한다.

아무도 욕망하지 않는 것은 누구도 욕망하지 않는다.

그리하여 인간 세상은,

많은 '나'가 욕망하는 것들로 이뤄진다.

소비 사회에서는 상품이 곧 욕망이다.

'나'는 욕망한다.

'나'가 욕망하는 것은 '나'에게 결핍된 무엇이다.

살아가는 것이 욕망하는 것인 한,

욕망은 멈출 수 없으며 결핍 또한 영원하다.

오직 죽음으로써만 소멸하는 '나'의 결핍은 '나'의 삶의 조건이다.

해탈은 '나'가 소멸해야 가능하며,

오직 그때 욕망의 순환에서 벗어나

열반, 곧 모든 것이 사라진 적멸에 이른다.

공空인 우리가 공空으로 돌아간다.

그런데

'나'를 버리려면 '나'를 버릴 '또 다른 나'가 필요하다.

'무욕', 곧 '욕망 없는 상태'는 욕망의 다른 이름이다.

무욕이라는 이름의 불가능한 욕망이다.

'나'를 버리고자 하는 것,

그리고 '욕망'을 없애고자 하는 것은,

물로 물을 씻는 행위요, 불로 불을 태우는 행위다.

그리고 진아眞我, 곧 '참 나'가 무엇인지, 과연 있는지,

그것은 풀 수 없는 아포리아다.

'나'가 '나'를 보아야 하는 일이기 때문이다.

'의식'이 '의식'을 의식해야 하기 때문이다.

반성은 필연적으로 지나간 의식, 과거의 주체를 보는 한계에
머문다.
그런데 설령 '참 나'가 있다한들, 그래서 찾았다한들
그로써 얻는 것은 무엇인가?
바람이 되는 것인가?
구름이 되는 것인가?
이도저도 아닌 그저 무無인가?
아무것도 아닌…

다른 물음들이 따라온다.
고통과 미움은 피해야 하거나 없애야 하는가?
과연 없앨 수 있는 것이긴 한가?
실수 없는 배움이 가능한가?
슬픔, 상실, 고통 없이 성숙할 수 있는가?
그것 없이 사는 것이 진실로 인간으로 사는 것인가?
그것 없이 인간적으로 충만히 산다는 것이 가능한 일인가?
태어나 병들고 늙고 죽는 것이야말로 인간으로 사는 것이 아닌가?

'나'가 모든 문제의 근원이라는 깨달은 자의 말은 전적으로 옳다.
다만 '나'를 버리거나 욕망을 없애는 것은,
지극히 어렵거나 불가능한 일이다.
범인은 기껏 입술에 담을 일일 뿐이다.

우리가 씨름할 욕망의 진정한 문제는,

욕망 그 자체가 아니라 욕망의 형상이다.

생명을 북돋우고 영혼을 성장시키며,

타자를 관용할 뿐 아니라 탐구의 기쁨을 추동하는

선하고 아름다운 욕망이다.

그러므로 '나'를 없애려하기보다 '더 나은 나'로 만드는 것이

좋은 삶을 사는 데 나을 뿐 아니라 우리에게 열린 유일한 대안이다.

'나'를 '더 나은 나'로 끌어올리는 방편은,

이성에 기초한 반성反省밖에 없다.

우리가 지닌 이성理性의 빛을 밝혀

무명無明, 곧 마음에 드리운 어둠을 걷어내는 일인데,

비록 정각正覺의 법열은 하늘만큼 멀고 까마득해도

그로써 사리를 좀 더 파악하고 현상을 좀 더 바로 볼 수 있기

때문이다.

3

지혜를 키워라

▷ 심검당, 선암사, 1994년.

탐욕과 노여움이 어리석음 탓이라면,
이성의 빛으로 마음을 밝히면,
탐욕과 노여움이 왜 생기는지, 그리고 어떤 문제를 야기하는지,
뿌리를 찾을 수 있을 것이고,
그로써 탐욕과 노여움이 일어나는 뿌리를 뽑을 수 있을 것이다.

사리事理를 따져 보자.
누군가 나더러 일을 잘못한다며 조롱한다고 치자.
혹은 성질이 고약하다며 비난한다고 치자.
혹은 못났다고 놀려댄다고 치자.
혹은 멍청이라고 욕한다고 치자.

우리가 지혜로운 자라면,
그래서 어떤 행동이든
반드시 '생각을 하고 난 후에 행하는' 것이 만사에 유익하다는 것을
안다면,
그리하여 그것을 습관으로 몸에 익히게 된다면,
그 말을 듣고 성을 낼 하등의 이유가 없을 것이다.

내가 일을 잘못하는 것이 사실이라면,
내가 고약한 성질을 지닌 것이 사실이라면,
내가 못난 것이 사실이라면,

내가 병신이라는 것이 사실이라면,
그의 말이 사실이니 화낼 일이 아니다.
그런데 그의 말과 달리
내가 일을 잘한다면,
내 성질이 고약하지 않다면,
내가 못나지 않다면,
내가 멍청이가 아니라면,
그의 말이 사실이 아니니 이 또한 화낼 일이 아니다.

탐욕도 마찬가지다.
행동하기 전에 잠시 이치를 따져
내가 왜 욕심을 내는지, 탐욕이 어떤 문제를 초래할지 생각한다면,
욕심을 그리 내지 않을 것이다.
혹은 줄이려 애쓸 것이다.

우리 사회는 이성이 충분히 자리 잡지 않았는데도
희한하게 이성을 비판하는 사람이 적지 않다.
이성을 비판하는 것 또한 이성의 작용이라는 것을 간과한 채
이성의 한계를 아는 것도 이성이며,
이성이 미칠 수 없는 영역을 생각해볼 수 있는 것도 이성을
통해서다.
이성은 인간이 자신을 더 나은 존재로 만들어갈 수 있는 유일한

방편이다.

좋은 삶을 살기 위해 우리에게 필요한 것은

명철한 이성에 따른 반성밖에 없다.

혹 '이성'을 '계산하는 생각'으로 간주할 수 있으니

'이성'이라는 말 대신 이제 '지혜'라는 말을 쓰기로 하자.

지혜는 최상의 앎의 상태다.

그리고 지혜의 반대, 곧 최악의 앎의 상태는 무지無智, amathia다.

무지는 잘못된 양육으로 '지성이 편향된 앎'인데

단순히 알지 못하는 상태인 무지無知, agnoia와 달리

자신이 모르면서도 이해하기(배우기)를 거부하는

자신이 모르면서도 안다고 생각하는

모르면서도 안다고 확신하고 주장하고,

심지어 나서서 가르치고 선동하는 '닫힌 앎'의 상태다.

지구가 평평하다고 믿고 있는 사람들은 과학자들의 말을

결코 듣지 않는다.

이러한 현상을 '더닝 크루거 효과Dunning-Kruger effect'[6]라 부르는데

6) "더닝 크루거 효과는 인지 편향의 하나로, 능력이 없는 사람이 잘못된 결정을 내려 잘못된 결론에 도달하지만, 능력이 없기 때문에 자신의 실수를 알아차리지 못하는 현상을 가리킨다. 그로 인해 능력이 없는 사람은 환영적 우월감으로 자신의 실력을 실제보다 높게 평균 이상으로 평가하는 반면, 능력이 있는 사람은 자신의 실력을 과소 평가하여 환영적 열등감을 가지게 된다. 크루거와 더닝은 "능력이 없는 사람의 착오는 자신에 대한 오해에서 기인한 반면, 능력이 있는 사람의 착오는 다른 사람에 대한 오해에서 기인한다."고 결론을 내린다."

이들은 자신의 판단력을 과신하기 때문이다.

니체는 이렇게 말했다.

"확신이 거짓말보다 더 위험한, 진리의 적이다."

다윈Charles Darwin은 이렇게 말했다.

"무지는 종종 지식보다 더 확신을 낳는다."

와틀리Richard Whately의 뼈아픈 말처럼

우리 모두 진리가 우리 편이길 원하고,

우리 중 누구도 진리의 편에 서길 원하지 않는다.

우리는 그렇게 어리석은데

인류사에서 가장 지혜롭다는 소크라테스는 이렇게 말했다.

"유일하게 진정한 지혜는 당신이 아무것도 모른다는 것을 아는 데 있다."

그 지혜에 기대어 소크라테스가 평생 한 일이라고는,

자신보다 지혜롭다고 여긴 세 집단(정치인, 시인, 장인)을 찾아다니며 묻는 것뿐이었다.

지혜를 그릇에 빗대어 보자.

지혜의 크기는 사람마다 다를 수 있으니 어떤 이는 그릇이 작고, 어떤 이는 클 것이다.

큰 그릇은 작은 그릇을 담을 수 있지만, 작은 그릇은 큰 그릇을 담

https://ko.wikipedia.org/wiki/%EB%8D%94%EB%8B%9D-%ED%81%AC%EB%A3%A8%EA%B1%B0_%ED%9A%A8%EA%B3%BC

지 못한다.

큰 그릇은 작은 그릇을 품고도 여분이 있지만,

작은 그릇은 큰 그릇을 품을 수 없다.

작은 그릇이 자기보다 더 큰 그릇들을 모두 품는다고 생각해

큰 그릇들을 가르치려 든다면,

그것은 이치에 맞지 않는 일이다.

작은 그릇이 자신이 모든 것을 담고 있다고 생각하는 것은,

사리에 합당치 않다.

어떤 사람이 가진 지혜의 크기는, 곧 그 사람의 생각의

능력의 크기다.

무지無智한 자는 자신(의 능력)을 생각하지 않는다.

자신이 전적으로 옳다고 확신하는 것만큼 어리석은 일은 없다.

오직 진실만 추구하는 과학의 세계는 '절대 진리'가 없다.

지금은 어떤 진술이 옳은 것으로 거듭거듭 입증되더라도

언제든 오류로 판명될 수 있기 때문이다.

그러니 그 가능성을 열어둬야 하기 때문이다.

과학이 할 수 있는 일은 오직 진리에 최대한 가까이 접근하는

것뿐이다.

과학이 발견한 진리는 핍진逼眞, 곧 진리의 근사치다.

'장님 코끼리'라는 옛이야기를 떠올려 보자.

눈먼 장님 세 명이 코끼리를 만났다.

한 사람은 코를 만지고서 '코끼리는 길고 유연하다.'고 주장하고,

다른 사람은 다리를 만지고서 '아냐 코끼리는 작고 단단하다.'고
주장하며,

또 다른 사람은 몸을 만지고서 '둘 다 틀렸어. 코끼리는 크고 아주
평평해.'라고 주장한다.

알다시피 이 셋은 모두 틀리기도 하고 맞기도 하다.

셋 모두 코끼리의 '부분적' 진리를 말하고 있기 때문이다.

비유로 말하자면

코끼리의 전부를 볼 수 있고 만질 수 있는 우리는 그 상황에서

무엇이 진리인지 판별할 수 있는 일종의 신인 셈이다.

신은 모든 것을 보는 온전한 존재이며,

인간은 오직 자신의 관점에서 사물의 부분만 보는

불완전한 존재다.

따라서 화이트헤드의 다음 말은 타당하다.

"온전한 진리는 없다. 모든 진리는 반쪽 진리다."

그런데도 무지한 사람은 자신의 앎을 (절대) 진리로 확신한다.

진리가 밟아온 다음과 같은 길에 대해 들었거나 읽는다면, 더 그럴
것이다.

쇼펜하우어는 이렇게 말했다.

"모든 진리는 세 단계를 거친다.

첫째, 조롱당한다. 둘째, 격렬하게 반대된다. 셋째. 자명한 것으로

수용된다."

극단주의 혹은 근본주의 종교인들은 '아멘'으로 화답할 것이다.

진리는 자신의 편이라고,

그러니까 자신이 곧 진리라고 굳게 믿은 채

인류가 보편적이고 자명한 것으로 받아들일 때까지 미련하게 인내

할 것이다.

진리에 대해 언급한 말 중

우리가 이해하기 어려워 잘 생각하지 못하지만,

꼭 명심해야 할 말이 있다.

노벨물리학 수상자 보아^{Niels Bohr}의 말인데 다음과 같다.

"두 종류의 진리가 있다. 작은 진리와 큰 진리.

우리는 작은 진리는 인식할 수 있다. 그 반대는 거짓이기 때문이다.

그러나 큰 진리의 반대는 또 다른 큰 진리다."

진실로 큰 진리는 그 반대도 큰 진리인 까닭에

진리를 추구하는 자는 그 반대도 진리로 받아들여야

한다는 뜻이다.

자신이 믿는 것만 진리라 고집해서는 안 된다는 말인데,

종교적 진리를 큰 진리라 할 수 있으니,

종교인들은 다른 종교들을 포용하는 것이 옳다.

무엇이 진리인지 판단하기 어렵다면,
아인슈타인의 견해에 잠시 기대면 어떨까 싶다.
그에 따르면, "오직 경험만 진리를 결정할 수 있다."
따라서 어떤 말이든 생각이든,
자신의 삶을 통해 그것이 옳은지 그른지 확인해나가는 일이
필요하다.
직접 경험한 것들과 진리라고 여기는 것을 대질시켜 판단하는
일이다.

자신이 생각한 대로 사는 삶이 진실로 만족스러운지,
때때로 깊이 생각해보는 일은 좋은 삶을 사는 데 필수적이다.
"검토하지 않은 삶은 살 가치가 없다."
소크라테스의 말이다.

4

죽음을 명심銘心하라

▷ 종묘, 서울, 2006년.

지혜는 우리를 더 나은 존재로 만들어
더 나은 삶을 살게 하고,
궁극적으로 최상의 삶을 살 수 있게 한다.

그런데 다시 지혜란 무엇인가?
지혜는 어떤 점에서 최상의 앎의 상태라고 할 수 있는가?
그리고 지혜는 어떻게 혹은 어디서 얻을 수 있는가?

고대 그리스 사람들은 지혜는 오직 신들만 지니고 있다고 믿었다.
신은 모든 것을 보며, 모든 것을 알기 때문이다.
지혜는 모든 것을 보는 눈이다.
현자賢者는 우리가 볼 수 없는 것들을 보는 자다.
지혜가 더해지면 볼 수 없는 영역이 줄어든다.
관점이 더 커져 더 많은 측면을 볼 수 있다.
따라서 지혜란, 곧 '더 큰 눈'이라고 할 수 있는데 자동차 운전이
하나의 사례다.
정확히 잘 보는 것은 운전의 필수다.
'백미러'와 '사이드미러'[7]가 없으면 볼 수 없는 사각지대가 발생해
위험하다.
지혜를 더하는 방도 또한 그것과 다르지 않다.
볼 수 없는 것들을 볼 수 있도록 해주는 거울들을 얻는 것이다.

7) 이 두 낱말은, 영어 'rear-view mirror(리어 뷰 미러)'와 'side-view mirror(사이드 뷰 미러)'에 해당하는 콩글리시다.

현자들의 눈들을 빌리거나 현자들의 눈들을 우리도 갖는 것이다.
우리 자신의 눈을 더 많이 만들어가는 것이다.

우리가 볼 수 없었던 것들을 보는 것은
설령 그로써 나쁘거나 고통스러운 것들을 보더라도
마치 장님이 눈 뜨듯 참으로 가슴 벅찬 일일 것이다.
앞에 쓴 볼테르의 모순,
곧 배울수록 불행해지는데도 브라만이
무지無知한 여인의 눈을 거부하는 것은,
바로 그 때문일 것이다.
인간이, 그리고 삶이 도대체 무엇인지,
더 큰 인식과 깨달음에 도달하는 것이
얼마나 가치 있고 좋은 일인지,
행복한 돼지보다 불행한 소크라테스를
택하는 사람은 쉽게 공감할 것이다.

그런데 우리는 어리석어서 우리 자신의 무지를 잘 보지 못한다.
혹은 보지 않는다.
우리 자신의 무지를 정확히 보게 되는 것은,
문득 어떤 깨달음을 얻을 때다.
그때야 비로소 우리는, 그 전의 우리가 얼마나 어리석었던지
알게 된다.

그런데 깨달음이 품는 문제는,

그 깨달음을 또다시 진리로 받아들여 거기에 갇힌다는 것이다.

더 큰 깨달음을 얻기 전까지 그 또한 부분적인 진리이거나

오류로 남는다.

우리가 죽기까지 공부해야 하는 것은 바로 그러한 이유에서다.

일상의 순간순간 지혜를 구할 수는 없다.

이런저런 사안마다 지혜를 찾고 거기에 기댈 수는 없다.

따라서 우리의 관심사를 좀 더 바로 보기 위해 우리가 해야 할 일은,

시야를 넓히는 것이다.

이해하고자 하는 대상이나 사태를 큰 맥락에 위치하는 것이다.

지혜가 부족한 우리가,

삶을 제대로 보기 위해서는 삶의 전 영역이 필요하다.

죽음이 여전히 생생하지 않은,

그래서 전체적 삶을 알 수 없는,

'지금 여기'를 살아가는

우리가 할 수 있는 것은,

인생을 다 살아낸,

죽음을 목전에 둔 채 남긴,

삶 전체를 조망하며 오직 본질만 남긴 이들의 말을 경청하는

일이다.

죽음을 생생하게 대면하고 있는 자들,

거짓말할 이유가 (거의) 없으며[8]

쓸데없는 말들로 중언부언할 여력이 없는 자들,

그들이 이구동성으로 남긴 말은,

여러 구실을 들어가며 해보지 않은 것에 대한 후회다.

해본 것이 잘못되어 고통을 안겨준 것들은,

해보았으니 여한이 없다.

그런데 이런저런 이유로 망설이다 끝내 해보지 못한 것들은,

죽기까지 가슴에 남는다.

그들 모두, '진짜 하고 싶은 일'을 못해본 것이 가장 큰 후회다.

이로써 우리는,

아픔을 무릅쓰고서라도 내면의 목소리에 충실히 따라 사는 것이

---

8) 죽음 연구에 일생을 바쳐 명성을 얻은 미국의 정신의학자 퀴블러 로스(E. Kübler-Ross)와 제자 케슬러(D. Kessler)에 따르면 "삶의 마지막 순간이 가까워 오면 사람들은 더 진실해지고, 정직해지고, 더 진정한 자신"이 된다. 엘리자베스 퀴블러 로스와 데이비드 케슬러. 『인생수업』(eBOOK). 류시화 옮김. 이레, 2006.
뒤집어 말하면, 우리는 거짓을 일삼는다는 것이다. 거짓말에 대한 연구 결과는 다양하다. 한 연구 결과에 따르면 "남녀 하루 평균 200회씩 거짓말을 한다." 다른 연구 결과에 따르면 "연인들은 일주일 평균 4.8번씩 거짓말을" 한다. 그리고 거짓말은 주로 자기 자신을 위해 한다. 세상 물정 모르는 애들도 거짓말을 한다. 캐나다 워털루대학교 연구팀에 따르면 "4살 아이도 2시간에 한 번씩 거짓말을 하고, 6살 아이는 90분에 한 번씩 한다." 동물 세계에서 거짓은 생존을 좌우한다. 시인 와일드(Oscar Wilde)는 이렇게 말했다. "인간은 몸소 말할 때 자기 자신과 가장 다르다. 마스크를 주면 진실을 말할 것이다."

좋은 삶일 수 있다는 것을 깨우친다.

그들이 첫째 후회로 꼽는 사랑의 갈망도 마찬가지다.

온전히 사랑하지 않은 것은,

마치 목구멍에 걸린 가시처럼 죽을 때까지 가슴에 얹혀 있는데,

그들은 전 생애를 산 까닭에,

사랑하는 것이 마냥 좋기만 한 것이 아니라는 것쯤은,

어김없이 준 만큼 돌려받지 못한다는 것쯤은,

그리고 거의 대부분 실망하게 된다는 것쯤은 안다고 보는 것이

타당하다.

상처와 고통 없는 사랑은 없다는 것쯤은 우리도 안다.

그럼에도 그들은 한껏 사랑하지 못한 것을 후회한다.

불치병으로 죽음을 안고 사는 사람들의 말은 더더욱 감동적이다.

놀랍게도, 죽음에 이르게 하는 병을 도리어 고마워한다.

일본의 '국민 엄마 배우' 기키 기린이 말했다.

"암에 안 걸렸다면 별 볼일 없이 살다가 별 볼일 없이 죽었을 거예요. 그저 그런 인생으로 끝났겠죠."

26살의 나이에 골육종이라는 희귀병에 걸려 다음 해에 죽은 홀리도 그랬다.

죽기 전에 써서 온 세상 사람들을 감동시킨 편지에서 홀리는 이렇게 말했다.

"지난 1년은 내 인생의 가장 위대한 시간이었어요."[9]

9) 이종건, 『영혼의 말』. 궁리, 2018, 112~114쪽.

죽음은 삶에 대한 우리의 태도를 바꾼다.

인간 세상의 물질주의로부터 비껴나

자신의 내면으로 눈을 돌리게 한다.

살아 있다는 사실을 고마워하며

진실로 하고 싶은 것에 집중하도록 만든다.

우리 모두 언젠가 죽을 것이라는 사실을 인식하면,

'지금 여기' 또한 두 번 다시 경험할 수 없다는 사실을 떠올리면,

'지금 여기'에 머물고 있는 존재들,

'지금 여기' 나에게 일어나고 내가 행하는 것들,

이것들을 모두 귀하고 진실하고 충만하게 대하지 않을 수 없다.

죽음은 촌음寸陰마저 귀중히 여기며 미물마저 귀하고 신비롭게

바라보게 한다.

'메멘토 모리Memento Mori'는 '좋은 삶'을 사는 데 필수다.

"이 순간이 마치 우리의 마지막 순간인 것처럼 살아야 한다."

"신이 또 다른 날을 기꺼이 더해 준다면, 기쁜 마음으로 환영해야

마땅하다."

고대 로마의 현자賢者, 세네카의 말이다.

5

평정을 잃지 마라

▷ 청계천, 서울, 2014년.

죽음 앞에 선 사람들은 한결같이 이렇게 충고한다.

물질적 욕심이나 집착을 내려놓고 진정 네가 원하는 삶을 살아라.

소유가 아니라 배우고 경험하는 데 네 모든 삶을 쓰라.

우리 모두 살고 싶은 대로 살고 싶다.

마음 가는 대로 마음껏 살고 싶다.

새처럼 자유롭게 날아다니며,

혹은 큰 바위처럼 의연하게 자리 잡고서,

하기 싫은 것들은 전혀 하지 않고 오직 하고 싶은 것만 하며

살고 싶다.

그리 사는 것보다 더 좋은 삶이 있을까?

문제는,

그렇게 사는 것은, 아주 짧게는 몰라도 오래 갈 수 없다는 데 있다.

벨기에 영화감독 바르다 A. Varda의 〈방랑자 Vagabond〉의 주인공 '모나',

영국 영화감독 스콧 R. Scott의 〈델마와 루이스 Thelma & Louise〉의

두 주인공,

이들이 '영화라는 공간 안에서' 하고 싶은 대로 하며 살지만,

결국 얼마 가지 못해 죽는다.

삶의 길이 뚝 끊긴다.

톨스토이의 불후의 명작 『안나 카레니나』의 안나 Anna도 그렇다.

낭만이 없지만 괜찮은 고위 공무원 남편과 어린 아들을 둔, 낭만 소설의 여주인공을 꿈꾼 안나는 젊은 장교 브론스키와 밀애에 빠진다. 오직 자신의 갈망에 몰두한다. 그런데 사랑의 달콤함이 기한을 넘기면서 안나는 자신의 눈빛을 피하는 애인에게 절망하고 남편과 자식을 버린 양심의 가책으로 고통을 받아 자신에게조차 거짓말을 하는 습관이 들고 마침내 미칠 지경에 이르러 현실감을 잃고 기차에 몸을 던져 죽는다. 자신이 삶에 대해 잘못 생각했으리라는 깨달음은 그가 철로 위에 누워 있을 때 오지만, 늦었다.

'살고 싶은 대로 사는 삶'은 의심의 여지 없이 좋은 삶이지만,
두 가지 문제를 잘 다루지 않으면,
자기파괴에 이르는 결과를 피하기 어렵다.
아이부터 노인까지 전 생애를 경험하지 못하는 삶은
결코 좋은 삶이 아니다.

첫째는 또다시 문장의 주어에 해당하는 '나'의 문제다.
죽음이 임박한 순간에 밀려오는 깨달음은 자신을 향한다.
집약하면 이렇다.
그렇게 살아온 것은 내가 진정 원하는 삶이 아니다.
내가 좀 더 지혜로웠다면 그렇게 살지 않았을 것이다.
다시 살 수 있는 기회가 주어진다면 결코 그렇게 살지 않을 것이다.
그렇게 살아온 '나'는 어리석고 진정하지 않은 나라는 말이다.

그렇게 살아온 '나'가, 죽는 순간에도 '진실한 나'라는
확신이 든다면,
그렇다면 아마 죽는 순간에도 후회감이 들지 않을 것이며,
얼마나 큰 슬픔과 고통을 수반했든, 그 또한 좋은 삶이라고
할 수 있겠다.

죽음 연구에 일생을 바친 로스 E. Kubler-Ross는 이렇게 말했다.
"인간 모두의 깊은 내면에는 자신이 되기를 갈망하는 어떤 존재가
있습니다." [10]
로스의 직관에 따르면
삶의 목적은 배움을 통해 진정한 자아를 찾고 그에 따라 살아가는
것이다.
괴테는『파우스트』에서 이렇게 말했다.
"인간의 운명이 무엇이든, 나는 나의 가장 깊은 자아로 맛보고 싶다.
그 비애와 열락을 나의 가슴에 끌어안아 가장 높고 가장 낮은 것을
붙잡고 싶다. 그리고 나만의 자아를 거대하게 확장해 종국에 모든
다른 것과 함께 내려가고 싶다."

'진정한 나(자아)'는 무엇이며 어디 있는가?
'진정한 나'라는 무엇이 진실로 존재하는가?
'나'에 대한 생각은 뒤에서 펼치기로 하고,

---

10) 로스와 케슬러. 앞 책.

우선 다음 문제로 넘어가자.

첫째가 '나'의 문제라면,
둘째는 '살고 싶은 대로 살기'의 문제다.
이것은 '나'가 살고 싶은 삶이어서 '진정한 나'를 찾아야 할
문제지만,
여기서는 어떤 '나'든 '살고 싶은 대로' 사는 방도를 생각해보자.
'나'는 이런 나일 수도 저런 나일 수도 있으니.

'살고 싶은 대로 살기' 위해서는,
자신이 처한 '상황' 혹은 '운명'에 끌려가서는 안 된다.
피치 못해 끌려가더라도 부정적 감정에 휘말리면 안 된다.
삶의 긍정적 기운을 뺏기면 안 된다.
속박되어 영혼이 쪼그라들면 안 된다.
그리하기 위해 필요한 것은,
내가 통제할 수 있는 것과 내가 통제할 수 없는 것을
잘 구분하는 일이다.
그리해서 내 마음대로 할 수 없는 것들은 묵묵히 수용하고,
내 마음대로 할 수 있는 것들은 단호하게 좋은 상태로
바꾸어나가는 것이다.
스토이시즘의 현자들(세네카, 에픽테투스, 아우렐리우스),
'익명의 알코올 중독자'라 불리는 집단,

그리고 수많은 현대 심리치료사는 다음의 공식을 적극 활용했다.

"신이시여, 내가 바꿀 수 없는 것들은 받아들이는 평정을,

내가 바꿀 수 있는 것들은 바꿀 수 있는 용기를,

그리고 그 둘의 차이를 아는 지혜를 주소서."

내가 통제할 수 없는 것을 내 마음대로 어찌해 보려 하는 것은

무모하고 어리석다.

우리 바깥의 현실 세계가 거의 그렇다.

겨울이 오고 봄이 오는 것처럼,

바람이 불고 비가 오고 눈이 오는 것처럼

내가 어찌할 수 없는 것은,

화를 내거나 불평하지 말고 그저 담담히 받아들일 일이다.

그것이 힘들면,

'자신을 타자他者화'함으로써 마음을 잘 지킬 일이다.

예컨대 사고가 발생했다고 치자.

그때 나는 그것이 다른 누군가에게 생긴 사고라고

입장을 바꾸어 생각한다.

누군가 내가 아끼는 컵을 깨트렸을 때,

그것이 내가 아니라 내 친구에게 일어난 사고라고 생각하고,

친구의 마음을 편하게 해줄 충고("그냥 컵에 불과한 거야.")를

떠올리면,

평정을 잃지 않을 것이다.

인간의 삶이란 잠시 살다가 소멸되는 것임을 떠올리면,

나뭇잎 떨어지듯 때가 되면 떨어질 운명이라는 사실을 떠올리면

그렇게 큰 관점에서 조망하면,

보물처럼 아끼는 존재가 상하거나 없어져도,

그리 상심하지 않을 것이다.

다른 예를 들어 사람들 앞에서 어떤 행동(틱 장애)을 반복하는

강박을 멈출 수 없다면,

내가 그 행동을 오늘은 몇 번이나 하는지,

오늘은 과연 기록을 깰 수 있을지,

자신의 관찰자로서 자신의 행동을 지켜보며 헤아린다.

자신을 마치 남 대하듯,

자신이 하는 행동이 우습지 않느냐며 웃음거리로 삼아 말없이

웃으면,

마음의 평정을 결코 잃지 않을 것이다.

이러한 '자기-타자화' 행동은,

반복적인 훈련으로 하나의 습관을 형성하면,

그때 그는 이미 현자다.

보들레르가 말했듯

웃음은 자신이 우월하다는 생각에서 생긴다.

길을 걷다 미끄러져 넘어지는 사람을 볼 때 졸지에 터지는
웃음에는,
그를 자신보다 열등한 존재로,
자신을 그보다 우월한 존재로 간주하는 모종의 무의식이
둥사리고 있다.
그런 점에서 모든 웃음에는 사탄의 요소가 있다.
심오하게 인간적이다.
그런데 우스꽝스러운 대상 앞에서 웃는 자의 웃음은 실패의
징후다.[11]
열등한 존재의 장면화로 촉발되는 통제 불능의 신경발작,
곧 자신보다 열등한 자를 볼 때 터져 나오는 웃음(조롱)은,
(현자나 절대자 앞에) 자신의 열등성을 드러내는 징후이자
표현이다.

그러므로 틱 장애의 경우처럼,
우스꽝스러운 자신을 대상으로 삼아 소리 없이 웃는 웃음은,
웃음에 내장된 이중성(열등성과 우월성)을 폭로한다.
자신을 대상으로 삼아 웃는 자들 편에 섬으로써.
"경멸로써 극복할 수 없는 운명은 없다."는 카뮈의 말처럼
웃음에 내포된 경멸에 참여함으로써 자신이 처한 상황을 넘어선다.

11) 코미디언은 자신을 열등한 존재로 만들어 다른 사람을 웃게 하지만, 웃음을
연출하는 상황을 통제함으로써 웃는 사람들보다 우월한 입지를 비밀스럽게 점
유함으로써 웃는 사람들을 우스꽝스럽게 만든다.

고통스러운 상황은,

고통의 정체를 파악할 여유가 없을 때에는

그것이 어떤 것이며 어떤 경험을 주는지

관찰자의 자리에서 인식과 경험의 대상으로 삼아

그리고 여유가 있을 때에는 그 정체를 이해하고 파악함으로써

그 상황에 '적극적으로' 개입한다.

수동적으로 당하거나 피하려 함으로써 끌려가지 말고,

고통을 (마치 배움의 기회인 것처럼) 내 방식으로 다루면,

평정을 잃지 않을 것이다.

카누스Julius Canus가 그리했는데,

고대 로마의 황제 칼리굴라에 의해 처형당하는 길에

그의 마음상태가 어떤지 묻는 사람에게 그는 이렇게 대답했다.

'죽는 순간에 정신이 육체를 떠나는 것을 인식할 수 있는지 없는지

배우기 위해 죽음의 순간을 관찰하려고 준비 중이다.'

나치의 죽음의 수용소라는 최악의 상황에서 살아나온,

프랭클Victor E. Frankl 박사가 그리했다.

그는 삶에서 무엇을 기대하기보다

삶이 자신에게 기대하는 것을 숙고하고 그 요청에 따랐다.

자신이 처한 혹독한 시련을 자신에게 주어진 유일한 과제로

받아들여

함께 수감된 사람들뿐 아니라 자신의 감정까지 직시했다.

인간은 최악의 상황을 어떻게 받아들이는지 관찰하고 정리해
언젠가 평화로운 강단에서 강의하리라 생각했다.

그리함으로써 그는,

"어느 정도 내가 처한 상황과 순간의 고통을 이기는 데 성공했고,
그것을 마치 과거에 이미 일어난 일처럼 관찰할 수 있었다. 나 자신
과 문제는 내가 주도하는 흥미진진한 정신과학의 연구 대상이 되
었다."

프랭클 박사가 일인칭과 삼인칭의 관점을 오가며 배운 사실은
놀랍다.

마치 모든 자유가 박탈되어 아무 것도 할 수 없는 듯한
수용소에서도,
인간에게는 자신이 원하는 방식으로 행동할 선택권이 주어진다는
것이다.

그는 수용소의 삶에서 두 가지 유형의 인간을 보았다.

아주 적은 수이긴 하지만 '성자-인간'과 많은 수의 '돼지-인간'.

최악의 환경에서도 우리는 돼지가 아니라 성자의 삶을 택할 수
있다는 것이다.

다른 사람들을 위로하거나 자신의 마지막 빵마저 나누어주는
그런 사람으로.

그리하여 그는 '영혼의 자유'에 대해 이렇게 썼다.

"인간에게 모든 것을 빼앗아갈 수 있어도 단 한 가지, 마지막 남은

인간의 자유, 주어진 환경에서 자신의 태도를 결정하고, 자기 자신의 길을 선택할 수 있는 자유만은 빼앗아갈 수 없다."

'자기-타자화'를 통해
자신이 처한 불쾌하거나 고통스러운 상황을 고요하게 다루는
지혜가
현자賢者의 행동 양식이라면,
스피노자의 철학은 우리를 성자聖者의 행동양식으로 인도한다.
스피노자에 따르면,
세계에는 절대적으로 무한하고, 자기-원인적이고,
영원한 단 하나의 실체만 존재한다.
그것을 '신'이라 불러도 좋고 '자연'이라 불러도 좋다.
(아인슈타인은 '스피노자의 신'을 믿었다.)
인간을 포함해 만물은 그것의 일부다.
따라서 인간은 자신의 내면에 신의 속성을 지닌다.
그리고 모든 것은 변화하고 상호의존적이며,
기쁜 일이든 슬픈 일이든 모두 그것의 필연적 결과다.
자연의 일부인 인간과 인간사人間事 또한 그렇다. 모두 필연이다.
우리에게 찾아드는 생명의 일부인 고통도 마땅히 필연이다.
그러므로 우리가 해야 할 것은 고통을 포함해 삶 전체를 똑같이
사랑하는 것이다.
스피노자는 이것을 "신에 대한 지성적 사랑"이라 부른다.

혹은 "복 받은 상태^{blessedness}"라 부른다.

진정한 자유[12]는 신적인 내적 필연성에 따를 때 열린다.

삶이라는 이름의 처음이자 마지막 여정에,
진정 자유로운 발길을 옮기기 위해 필요한 것은,
사태의 필연성을 발견하는 지혜와 지혜에 따라 행동하는 용기다.

---

12) '자유의지'는 없다. 그것은 환영이다. 우리의 마음은 어떤 원인에 의해 이것이나 저것을 결정하는데, 그 원인 또한 다른 것에 의해 그렇게 되고, 그 다른 것은 또 다른 것에 의해 그렇게 되는 방식으로 무한하기 때문이다. 내가 이것이 아니라 저것을 선택하는 것은 나의 자유의지를 행사하는 것이 아니라 내 이전의 일련의 결정들이 나로 하여금 결정하게 한 것을 선택하는 것이다. 인간의 문제는, 누구도 그 행동들의 길을 하나의 전체로 조망할 수 없다는 것이다.

6
가치(의미) 있게 살아라

▷ 학교 가는 길, 안산시, 2014년(기획 조성룡).

인류의 현자 소크라테스는,
일흔을 넘긴 나이에 자신의 목숨이 달린 처음이자 마지막 법정에서
'영혼'을 돌보라고 당부했다.
그것이 그가 아테네 시민들에게 남긴,
단 하나의 당부이자 평생 가르치고자 했던 언행의 핵심이다.

"그대 아테네 시민, 나의 벗이여, 그대는 돈과 명예와 명성을 최대
한 쌓아올리면서 지혜와 진리와 영혼을 최대한 향상시키는 일은 거
의 돌보지 않고, 전혀 고려하지도 주의하지도 않는 것이 부끄럽지
않은가?"

영혼을 향상시키라는 소크라테스의 마지막 충고는,
덕성德性을 함양하고 자신의 고유한 능력을 빼어나게 만들라는
뜻이다.
세상의 만물이 각자의 고유한 특성에 따르니,
만물에 속한 인간 또한 그리 사는 것이 마땅하다.
덕성은 인간(적)으로 살다 인간(적)으로 죽기 위해 필요하고,
고유한 능력을 탁월하게 연마하는 것은,
이른바 자아실현뿐 아니라 부단한 삶의 열정을 위해서도 필요하다.

1.
그런데 인간은 인간이기에 앞서 '생명의 존재'다.

나를 초월한 어떤 존재에서 온 나의 생명은

나를 경유해 다시 돌아가야 할 무엇이며,

나는 '생명'을 위탁받아 끝까지 살아가도록 운명 지어진 존재다.

나의 의식(마음) 또한 그렇다.

우주에서 오는 의식이 나의 몸(뇌)과 접속하다가 작동을 멈추면

다시 우주로 돌아간다.

생명은 곧 지속에너지(코나투스)다.

살아 있는 모든 존재는 어떤 악조건에서도 자신의 생명을 충실히

이어간다.

외부의 힘에 의해 부러지고 꺾여도, 완전히 소멸될 때까지 생명을

지속한다.

그것이 생명의 원리인데,

부정적 감정에 휘말려 자기파괴 능력을 지닌 인간은,

식물이나 동물보다 생명력이 떨어진다.

참혹한 상태에서 벗어날 가능성을 찾지 못하면

대부분 절망해 죽고,

때로는 자신이 자신을 죽인다.

지옥의 삶에서도 포기하지 않고 살아낼 방도가 긴요한데,

앞서 언급한 프랭클 박사가 죽음의 수용소에서 실천해 입증했으며,

미군 장성 제임스 스톡데일J. B. Stockdale이 베트남 포로 생활에서

실천해 증언한,

살아남기를 위한 생각의 기술은 간단히 이러하다.

도무지 앞이 보이지 않는
깜깜한 지옥 같은 현실에 처했을 때,
그 현실을 직시하고 냉철하게 수용하면서,
그와 동시에 그 현실을 반드시 이겨낼 수 있다는 믿음을
확고하게 갖는다.
언제 올지 모르는 메시야를 믿고 현실을 있는 그대로 받아들여
견디는 정신이다.

프랭클 박사와 스톡데일 장군의 증언에 따르면
크리스마스 전에는 나갈 수 있으리라 믿었다가 좌절되고,
부활절에는 석방되리라 믿었다가 또 좌절되고,
추수감사절에는 석방 소식이 오리라 믿었다가
또다시 좌절된 사람들은,
그러한 '비현실적인 낙관'이 낳은 견딜 수 없는 절망으로
대부분 죽었다.

프랭클 박사와 스톡데일의 공통점은 그것뿐 아니다.
"왜 살아야 하는지 아는 사람은 거의 어떤 것도 견딜 수 있다."는
니체의 말처럼
자신의 비참한 삶을 살아내어야 할 의미를 발견하고 거기에 따라
살았다.
그로써 자신뿐 아니라 타인들의 고통을 덜어줄 수 있었다.

지독한 고통을 겪은 자가,

고통스러운 환경을 벗어나고서 고통을 주는 자가 되는 것은,

참으로 가슴 아픈 일이다.

여러 형태의 폭력의 피해자가 나중에 가해자로 둔갑하는 예들은

숱하다.

유일하게 만화로 퓰리처상을 받은 스피겔만A. Spiegelman은

자신의 수상작 『Maus』에서,

아우슈비츠 수용소에서 살아남은 자신의 아버지가

흑인을 차별하는 인종차별주의자로 변신한 모습을 그렸다.

자신의 아내가 그 모습이 못마땅해 인종차별 문제를 지적하자

그는 이렇게 대답한다.

"검둥이들과 유태인들을 비교하는 것은 공평하지 않아!"

다음의 로스의 글귀는 참으로 아름답다.

"우리가 알아온 가장 아름다운 사람들은, 패배를 알고, 고통을 알고, 애씀을 알고, 상실을 알고, 그리고 그 깊이들에서 빠져나오는 길을 발견한 사람들이다. 이 사람들은 자신들을 연민, 온화함, 깊은 사랑의 염려로 채우는, 삶에 대한 감사, 감수성, 이해를 품고 있다. 아름다운 사람들은 그냥 생기지 않는다."

로스의 말처럼 우리는 아름다운 정원에서 앉아 있는 한 성장할 수 없다.

우리가 성장하는 것은

아플 때,

고통 속에 머물 때,

상실을 경험할 때,

그러한 상태를 선물로 받아들이는 정신에 의해서다.

2.

생명의 존재는 또한 사랑을 갈구한다.

모든 살아 있는 존재가 그렇다.

톨스토이가 『사람은 무엇으로 사는가』에서 썼듯

사람은 '사랑'으로 산다.

사랑 없는 삶은 삶이 아니다.

자신의 온 삶을 사랑과 지식과 연민이 이끄는 대로 살았다는

러셀은 이렇게 썼다.

"좋은 삶이란, 사랑이 고취하고 지식이 인도하는 삶이다."

사랑에서 힘을 얻고 지식에 따라 사는 삶이 좋은 삶이라는 것이다.

러셀의 말처럼 사랑은 생명력을 북돋우는 활력이지만,

무지無知한 사랑은,

사랑하는 사람들을 천국이 아니라 지옥으로 데려간다.

중세 시대의 흑사병과 제1차 세계대전 중의 스페인 독감 때 그랬듯

어리석은 종교 지도자들은 신과 인간에 대한 사랑의 발로로,

사람들로 하여금 교회에 모여 기도 드리게 함으로써
도리어 큰 화를 초래했다.

사랑은 흔히 남자와 여자 사이에서 이뤄지지만,
사랑의 대상은 이성뿐 아니라 동성일 수도 있고,
사람이 아니라 동물, 식물, 사물일 수도 있다.
문학이나 음악일 수도, 지혜일 수도 있다.
우리를 끌어당겨
우리가 그것에 다가가고,
그것을 만나는 경험이 즐겁고 기쁜 것은
모두 사랑의 대상이다.
결코 벗어나고 싶지 않으며,
무한히 더 빠져들고 싶도록 열망하게 하는 것은,
그리하여 그것이 무엇인지 '알고 또 알고' 싶게 하는 것은,
모두 사랑의 대상이다.

사람을 대상으로 하는 사랑은,
사랑하는 자신도 까닭 몰래 홀리는 마술이며
중독에 이를 만큼 지독하다.
그런데 사람을 사랑하는 일은 어렵고 힘들다.
생각뿐 아니라 모든 언행의 중심을
내가 아니라 그에게 두는 것이어서 그렇고,

상대를 잘 모른 채 나의 앎과 감각에 기댈 수밖에 없는 것이어서
그렇다.
이기심과 이타심을 조화시켜야 하는 것이어서
상처와 고통을 수반하며,
실패와 상실로 괴로움을 얻는다.
그러므로 상처 없이 사랑하겠다는 것은
그림자 없는 인간이 되겠다는 것인데,
빛과 그림자가, 밤과 낮이, 길고 짧음이 하나의 쌍으로만 존재하듯
사랑과 이별, 기쁨과 슬픔, 만남과 헤어짐은 홀로 성립하지 않는다.

그리하여 사랑은 우리를 성장시킬 수 있는 귀중하고 특이한
사건인데,
불행히 그로써 영혼이 위축되고, 심지어 닫히는 사람도 있다.
그러므로 사랑의 승자는,
사랑이라는 이름으로 들러붙는 모든 감정을 끌어안은 채
신실하게 사랑했노라,
그리고 오직 그로써 기뻤노라,
사랑으로 얻은 상처로 더 큰 영혼을 가지게 되었노라,
그렇게 고백하는 자다.
모든 선한 행위는,
그로써 얻는 과실이 아니라
그 자체로 완결되고 그 자체로 기쁘다.

정신분석학에 따르면

거의 모든 인간은 미성숙한 상태로 죽는다.

우리 중 온전히 성숙한 인간은 거의 없다는 뜻이다.

그만큼 '사람-되기'가 힘이 든다는 말인데,

타자와 나누는 대화의 곤란이,

그리고 사랑의 어려움이,

그것이 진리임을 뼈아프게 증언한다.

나와 다른 감각, 다른 감정, 다른 생각을 가진 사람과 소통하는

것은 무척 어렵다.

나와 다른 세계에 속한 사람과 소통하는 것은 거의 불가능하다.

나와 전적으로 다른 타자를 사랑하는 일 또한 그렇다.

사랑의 주체가 되는 일은 곧 인간됨을 이루는 일이며,

온전한 사랑의 주체가 되는 일은 곧 온전한 인간이 되는 일이다.

3.

인간은 놀이하는 존재(호모루덴스)이지만,

그보다 앞서, 그리고 그보다 근본적으로, 노동하는 존재다.

놀이와 노동 둘 다 인간의 본질적 특성이지만,

노동은 개인의 생존, 자아실현, 그리고 정치-사회-문화를 떠받치는

삶의 토대다.

'놀이 없는 일'은 견딜 수 있어도, '일 없는 놀이'는 견디기 어렵거나

불가능하다.

게다가 좋은 일은
개인뿐 아니라 집단의 차원에서도 좋은 삶과 직결된다.
한마디로 좋은 일이 곧 좋은 삶이라고 할 수 있다.

좋은 일이란 무엇인가?
좋은 일이란 소외와 억압이 없는 노동, 곧 놀이가 된 노동이다.
그런데 노동이 곧 놀이인 사회는 세상 어디에도 없다.
자본주의 사회에서 일은,
놀이는커녕 고역이거나 착취이며
인간성을 해치는 문제 덩어리다.
오늘날 대부분의 국가의 사람들은,
휴식(자신의 시간)을 위해 노동하는 것이 아니라
노동하기 위해 쉰다.
국가를 넘어 지구 마을 전체가 그렇다.
교황 요한 바오로 2세가 일에 주목한 것은 바로 그 때문이다.
그에 따르면
인간의 삶은 매일 일을 통해 지어나가고, 그로써 존엄성을 얻는다.
따라서 일(객관적 사안)을 인간(주관적 문제)과 따로 떼어 규정하는 것은 불가능하다.
자본주의의 해악은,
그 둘을 분리해 인간을 자본의 도구로,
노동을 자원으로 취급하는 데 있다.

교황은 일과 자본의 대립 구도를 넘어서기 위해 이렇게 주창했다.

첫째, 남자든 여자든, 늙은이든 젊은이든,

모든 인간은 생존뿐 아니라 존엄을 위해 일이 필요하다.

둘째, 인간을 사물 위에, 인간노동을 자본 위에 둬야 한다.

셋째, 자본과 노동은 분리해서는 안 된다.

좋은 삶과 직결되는 좋은 일은 현실적으로는 찾기 어렵고 드물지만,

한 개인은 자신의 삶의 방식에 따라 얼마든 가능하게 할 수 있다.

어떤 직업이든 자신이 하는 일을,

베버^{M. Weber}가 주창한 '소명'으로 전환하는 것이다.

직업(일) 자체를 목적으로 삼는, 곧 "보장 없는 헌신"의 방식이다.

성공하리라는 보장 없이 마치 "자신의 영혼의 운명이 달린 것처럼"

자신의 연구 프로그램 수수께끼 푸는 데 몰두하는 과학자의 일이

그렇다.

한마디로 의미(가치) 있는 일을 하는 것인데,

자신이 하고 있는 일에서 의미를 찾든지

혹은 자신이 의미가 있다고 판단하는 일을 찾아서 하는 것이다.

적지 않은 사람이, '말이 쉽지 현실적으로는 불가능하다.'고 생각할

것이다.

옳기도 하고 그르기도 하다.

주어진 현실에서는 (거의) 불가능하다는 점에서는 옳다.

나의 현실을 나의 방식으로 꾸리면 (거의) 가능하다는 점에서는
그르다.
문제의 열쇠는 결국 각자 자신의 삶을 어떻게 사느냐
곧 삶의 방식에 달렸다는 것이다.
자신이 진실로 가치(의미) 있다고 여기는 일을 하고 싶은 사람은,
자신의 온 삶을 거기에 맞춰야 한다.
마치 에베레스트에 오르고자 하는 사람이나
마라톤 시합에 출전하는 선수처럼,
자신에게 가장 중요한 무엇을 이뤄내기 위해서는,
나머지 모든 삶을 거기에 맞춰야 한다.

이익과 손실의 계산에 따라 구조화된 냉혹한 현실에서,
자신이 진실로 의미 있다고 생각하는 일을 하며 사는 삶은,
쉽기도 하고 어렵기도 하다.
먹고 사는 데 지장 없는 사람은 좀 더 쉬울 수 있겠지만,
딱히 그렇지는 않다.
돈이 신神인, 옛 어른들 말로 목구멍이 포도청인 세상에서는
경제가 가장 큰 걸림돌이긴 하지만,
그것은 삶의 일부가 아니라 총체가 걸린 삶의 양식으로서,
무엇보다도 영혼의 문제이기 때문이다.
'나는 무엇을 위해 살 것인가'에 대답해야 하는 전全인적인 문제이기
때문이다.

78세의 나이에 그림을 시작해 101세의 나이까지 1600여 점의 작품을 남겨 미국의 국민 화가 된 모지스 할머니"Grandma" Moses 13)는 자신의 100번째 생일 때 모인 사람들에게 이렇게 말했다.

"하고 싶은 일이 있으세요? 그럼 그냥 하시면 돼요. 삶은 우리가 만들어나가는 것이에요. 언제나 그랬고, 앞으로도 그럴 겁니다."

12살 무렵부터 15년간 남의 집에 입주해 가정부의 삶을 살았던, 그리고 힘겨운 농부의 삶을 살며 그림에 대한 열정에 등을 돌릴 수밖에 없었던 그는 너무 늦었다고 말하는 사람들에게 이렇게 말했다.

"사람들은 늘 내게 늦었다고 말했어요. 하지만 사실 지금이야말로 가장 고마워해야 할 시간이에요. 진정으로 무언가를 추구하는 사람에게는 바로 지금이 인생에 가장 젊은 때입니다. 무언가를 시작하기에 딱 좋은 때이죠."

13) 78살 때 약국(편의점) 창문에 전시해둔 그의 그림을 본 아트컬렉터 칼도(Louis J. Caldor)의 눈에 들어 화가의 삶을 본격적으로 시작하게 된 그는, 〈Sugaring Off〉라는 작품을 2006년 14억에 팔았다.

7
단순하게 살아라

▷ 최순우 고택, 서울, 2006년.

에머슨^{R. W. Emerson}은 이렇게 말했다. "단순한 것은 위대한 것이다."
톨스토이 또한 이렇게 말했다. "단순성이 없는 곳에 위대성은 없다."

물리적 여건이나 사회적 입지가 어떻든,
'오직 하고 싶은 일만'하며 살 수 있는,
혹은 '하고 싶은 일'을 우선해 살 수 있는 최적의 삶은,
요즘 간혹 언급되는 '미니멀 라이프', 곧 '단순한 삶'이다.
정말 소중하고 본질적인 것에 집중하기 위해
여타의 것을 잘라낸 삶인데,
동서고금 막론하고 수많은 성인과 현자가 실천했다.
자신이 설정한 의미(가치)에 가차없이 헌신하고 몰두한 삶이다.

1.
삶은 짧다.
히포크라테스의 말처럼 인생은 짧고 술術은 길다.[14]
평생을 해도 하나의 일에 정통하기 어렵다는 뜻이다.
인생은 사랑만 하기에도 짧고,
성숙한 인간이 되기에도 짧고,
지혜를 얻기에도 짧다.
몇 문장으로 이뤄진 카프카의 단편 「이웃 마을」은 삶이 얼마나 짧은지, 할아버지의 이야기를 통해 전해준다. "삶은 놀라울 정도로 짧

---

14) Ars longa, vita brevis.

단다. 뒤돌아보니 내게 삶이 너무 짧아진 것 같아서, 예컨대 어떻게 한 젊은이가 말을 타고 이웃에 가겠다고 결정할 수 있는지, 도무지 이해할 수 없단다. 사고는 말할 나위도 없고, 평범하게 행복한 삶마저 그 여행을 하기에 너무 짧다는 것을 겁내지도 않은 채 말이다."

삶이 짧다는 것은, 충분히 살아본 사람들은 다 안다.
어린이는 모른다.
아마 미래를 먹고 사는 청년도 잘 실감하지 못하리라.
늘그막에 돌아보는 삶이 특히 더 짧은 것은,
살 날은 얼마 안 남았는데 손에 쥔 건 초라하기 때문이다.
도대체 무엇을 위해 이렇게 힘겹게 달려왔나 허망하기 때문이다.
논점은 이것이다.
한정된 시간이 종료되면 우리 모두 소멸할 존재,
그러므로 '살아 있는 시간'보다 소중한 것은 세상에 없다.

따라서 '좋은 삶은 단순하다.'라고 말하기보다
'좋은 삶은 단순해야 한다.'라고 말하는 것이 천 번 만 번 옳다.
지혜로운 자들은 자신의 온 삶으로 그것을 웅변한다.
그들은 부, 명예, 권력, 용모, 스포츠, 여흥, 놀이 등
현대인들이 그토록 중요시 여기는 것들에 등을 돌린 채
오직 삶의 본질에 몰두했다.
그들에게 물질과 타인의 시선은 방해거리일 뿐이다.

단순한 삶은 단지 단순해서가 아니라
진실로 가치(의미) 있는 일을 위해 좋고 필요한 삶이다.

2.

좋은 삶이 단순한 삶이라면,
복잡하거나 산만한 삶은 대개 나쁜 삶이라고 할 수 있다.
복잡하거나 산만하다는 것은 삶의 에너지가 분산되어
정작 중요한 것을 위해 쓸 에너지가 줄기 때문이다.
뒤집어 말하면,
자신이 진실로 추구하고 싶은 일이 없는 사람은 복잡하거나
산만하다.
그에게 모처럼 찾아오는 빈 시간은 축복이 아니라 고통이다.
시간 죽일 방도 없이 홀로 있으면 지겹거나 외로워 견디기 힘들다.
그러므로 파스칼Blaise Pascal은 『팡세』에서 이렇게 말했다.
"인간의 모든 불행은 홀로 고요한 방 안에 앉아 있을 수 없는 것에
서 비롯한다."

삶이 복잡하고 마음이 평강하지 못한 것은,
또다시 우리가 어리석기 때문이다.
돈과 재물과 지위는
좋은 삶을 사는 데 별 소용없거나 오히려 방해되는데도
그런 줄 모르고

그것을 남들보다 더 빨리 그리고 더 많이 갖기 위해
공부하고 힘써 경쟁한다.
그것이 우리를 행복하게 해주리라 착각한 채
삶의 귀한 에너지를 낭비한다.
우리나라의 논픽션 베스트셀러 책은
돈, (시험/입사)공부 기술, 감성 팔이 계발서가 늘 상위권이다.
한국 사람들은 똑똑한 바보다.

그런데 세속적인 성공으로 들뜨고 행복감을 누리는 것은 잠시다.
갑자기 얻은 돈이 주는 행복감은 놀랍도록 크지만
허무할 정도로 짧다.
심리학이 설명하듯 금방 거기에 익숙해지기 때문이다.
많은 연구 결과가 말해주듯
일정한 수준을 넘으면 소득은 행복감에 거의 기여하지 않는다.
널리 회자되는 중국 속담은 돈의 한계를 위트로 가르친다.
돈으로 집은 살 수 있지만 가정은 살 수 없고,
시계는 살 수 있지만 시간은 살 수 없고,
침대는 살 수 있지만 잠은 살 수 없고,
책은 살 수 있지만 지식은 살 수 없고,
의사는 살 수 있지만 좋은 건강은 살 수 없고,
지위는 살 수 있지만 존경은 살 수 없고,
피는 살 수 있지만 생명은 살 수 없고,

섹스는 살 수 있지만 사랑은 살 수 없다.

성경은 돈과 재물을 하늘에 쌓으라고 가르친다.
땅에 두면 마음이 거기에 붙잡혀 눈이 어두워지기 때문이다.
그리하여 재산을 다 팔아 가난한 자들에게 나눠주라고 권면한다.
예수는 제자들에게 비유를 들어 재차 강조한다.
"낙타가 바늘귀로 들어가는 것이 부자가 하나님의 나라에 들어가
는 것보다 쉬우니라."

돈과 재물과 명예가
우리의 열정을 얼마나 낭비하게 만드는지, 세세히 말할 필요 없다.
핵심은 이것이다.
그것은 우리 마음대로 어찌할 있는 것이 아니다.
우리가 아니라 그것이 주인이며,
우리는 다만 그것을 쫓고 그것에 기댈 뿐이어서,
그것에 따라 일희일비하며 마음 갈피를 못 잡는다.
예수는 이렇게 되물었다.
"세상을 얻고도 자신의 영혼을 잃는다면 그게 무슨 이득이겠는가?"

3.
남들의 '시선과 의견'도 그렇다.
부모나 가족, 친구와 사회 구성원의 '시선과 말'도 마찬가지다.

우리가 그것에 예민하고, 거기에 부응하는 삶을 살면 삶의 주권을
잃는다.
나의 인생을 남을 위해 사는 꼴이 된다.
인간의 관계망은 불안정한 우리의 삶을 지켜주는 안전망처럼
보이지만,
실상은
마음의 자유와 개인의 고유한 특성을 앗아가고 옥죄는
감옥일 가능성이 매우 크다.
우리는 홀로 세상에 왔으며 홀로 이승을 떠나야 할 존재다.
남들이 어떻게 보든
그들 모두 동일한 인격으로 대하고 살다가
떠날 때 그저 어두운 그림자 남기지 않으면 족하다.

'모난 돌이 정 맞는다.'는 속담처럼
남들과 다르게 사는 것이 문제라면,
그래서 남들과 어울리기 위해 남들이 원하는 방식으로
살아야 한다면,
그것은 '나'의 삶이 아니라 '그들'의 삶을 사는 것이다.
게다가 설령 내가 그들 마음에 들도록 산다고 한들,
그들의 요구는 끝이 없을 뿐 아니라
내가 어찌해도 마냥 호의적일 수 없다.
경쟁 사회에서 그들 또한 '이기'를 벗어날 수 없기 때문이다.

그들 또한 오만, 질투, 분노, 나태, 탐욕, 탐식, 음욕 등의 결함을
지닌 까닭에,
내가 그들의 온전한 먹이나 인형이 아닌 한,
내가 이렇게 사나 저렇게 사나
험담, 비난, 조롱, 비웃음, 조언, 뒷말 등은 결코 피할 수 없다.

그런데
단 한 번밖에 살 수 없는 자기 자신의 삶인데도,
게다가 남에게 피해를 주지 않는데도,
자신이 살고 싶은 대로 사는 것은 결코 쉬운 일이 아니다.
인간은 다른 동물과 달리
세상에 태어난 순간부터 누군가의 도움 없이는
잠시도 생존할 수 없는
절대적으로 무기력한 상태를 오랜 기간 거쳐야 하는데,
그 과정에서 자신을 돌보는 사람(들)에 의해 훈육되기 때문이다.
"나의 욕망은 타자의 욕망이다."라는 라캉의 말처럼
보호자가 원하는 방식으로 행동해야 사랑받기 때문이다.
게다가 약한 존재들은 무리가 필요하다.

문제는
자신의 생존을 홀로 감당할 수 있을 만큼 성숙해도
자신을 둘러싼 사람들의 눈치나 미움을 염려해

혹은 원망顧望과 인정에 부응하느라
적지 않은 사람들이 자신의 삶을
자신이 원하는 대로 살지 못한다는 것이다.
게다가 평생 남의 시선에 맞춰 살다보니
내가 진정 원하는 것이 무엇인지 모른다.
이렇게 살아야 낙오자가 되지 않고 행복하게 살 수 있다는
신념으로,
남들 보기에 버젓한 삶을 살 수 있다는 신념으로,
가정과 학교가 '교육'이라는 미명으로,
나를 세뇌하고 훈육시켰기 때문이다.
그리하여 나 자신을 돌볼 여건이나 기회가 없었기 때문이다.

왕왕 가장 가까운 사람이 가장 큰 문제이며 가장 큰 걸림돌이다.
가장 사랑하는 사람이 가장 아프고 힘들게 한다.
미성숙한 사랑인 줄 모르고, 사랑이라는 이름으로 억압하기
때문이다.
사랑과 폭력은 결코 함께 갈 수 없다.
사랑은 사랑하는 대상이 자유롭도록 돕는 것이지 구속하는 것이
아니다.
설령 자신이 판단하기에 좋은 것이라도
부드럽게 권하는 선에서 멈춰야 한다.
사랑하는 대상을 제 식으로 바꾸려는 순간,

사랑은 더는 사랑이 아니다.
폭력이다.

나의 내면에 깊이 뿌리내린
그들의 욕망을 뽑아내어야,
비로소 나 자신의 욕망에 대해 생각해볼 수 있고,
이런저런 시행착오를 통해
나의 욕망을 찾고 키워 나갈 수 있는데,
이 일은 가장 큰 삶의 혁명이어서
감히 엄두내기 어렵다.
때로는 부모형제마저 끈덕지게 논쟁해야 할 만큼 힘들다.
불화를 일으키고 급기야 관계를 끊어야 할 만큼 고통스러운
일이다.
그럼에도
나의 부모, 나의 선생, 이러저러하게 만나는 나의 지도자는,
내가 나의 삶의 주인이 되기 위해
한 번은 벌여야 할 싸움의 대상이다.
한 번은 도모해서 성공해야 할 혁명의 대상이다.
그로써 초래되는 상처는 어찌할 수 없다.
상처 없는 사랑, 상처 없는 성장은 없다.
한 명의 성숙한 인간으로 서기 위해
고통을 무릅쓰고 아픔을 감당해야 한다.

석가모니가 "천상천하유아독존"이라고 외쳤듯

하늘 위와 하늘 아래 오직 나 홀로 존귀하다.

남들 또한 '나'들인 까닭에, 모든 개인은 존귀하다.

그런 까닭에,

나는 나로서, 너는 너로서 사는 것이

결코 문제일 수 없다.

문제이기는커녕

그것이 우리 모두 추구해야 할 좋은 공동체 삶이다.

진실로 아름답고 선한 공동체는,

모든 개인들이 각자의 고유한 특이성을 존중할 뿐 아니라

서로 감상鑑賞하고 나누는 '따로, 그리고 함께'

곧 고유한 독립적인 개인들이 공존하는 집합이다.

전체성에 속박된 개인들의 집합이 아니다.

그러므로 조화나 단결이나 통일이라는 언어는 오직,

그것이 내포하고 있는 폭력성을 공적으로 드러내고 다룰 수
있을 때

오직 그때만 유용하다.

4.

우리는 어리석어서

종종 우리가 어찌할 수 없는 것에 매달린다.

그것에 따라 웃고 울며 마음이 휘둘린다.

우리의 소중한 삶을 그것에 온통 기댄다.

그런데 우리는

우리가 어찌할 수 있는 것마저

제대로 다루지 못한다.

반복해서 썼듯

"내가 바꿀 수 없는 것들"을 담담히 받아들여

평정을 유지하는 것만큼이나

"내가 바꿀 수 있는 것들"을 좌고우면하지 말고

단호히 바꾸는 것 또한 중요하다.

적어도 나의 씀씀이, 물건, 외양, 건강 등은 상당 부분

내가 통제할 수 있다.

나의 공간과 시간, 가치관과 삶의 방식도 그렇다.

외양이 곧 인격이라고 믿지 않거든

혹은 냉철히 생각해,

외양으로 환심을 사거나 이익을 얻을 일이 없다면,

더 현실적으로,

외양으로 먹고 살아야 할 일이 아니라면,

외양은 불쾌감을 주지 않고 단정한 것으로 충분하다.

위대한 과학자 아인슈타인은 생전에 입었던 옷이 몇 벌밖에

없었다.

늘 똑같은 옷만 입는 것으로 유명한 스티브잡스는,

외양에 무관심해서가 아니라 그것을 위해 쓰는 에너지를 줄이기
위해서다.

그는 자신의 집 가구도 필요한 몇 개만 두고 살았다.

페이스북을 창립한 최고 경영자 저커버그도 매일 같은 종류의
티셔츠와 바지를 입는다.

〈테넷〉으로 돌아온 할리우드스타 로버트 패틴슨은
스케이터 티셔츠를 입는다.

영국 왕세손비 케이트 미들턴은 중요한 이벤트 자리에서
똑같은 옷을 3년 입었다.

앤디워홀은 식사마저 캠벌 수프로 고정시켜 단순하게 했다.

단순하게 입고 단순하게 먹고 단순하게 사는 것은,
시간 낭비뿐 아니라 정신적 소음(스트레스)도 줄인다.

자기 자신을 사랑하지 않는 사람이 어찌 남을 제대로
사랑할 수 있겠는가.

사랑은 그렇게 자신을 존귀하게 여겨 자신의 삶을 돌보는
일에서 출발한다.

최희준이 〈하숙생〉으로 노래하듯
인생은 나그네 길이다.

빈손으로 왔다가 빈손으로 가는 여정이다.

소유욕에 붙잡혀 무거운 짐을 꽉 끌어안고서 무엇을,
그리고 얼마나 경험하겠는가?

무거운 짐을 잔뜩 진 자가 볼 수 있는 것이 발 디딜 곳밖에
더 있겠는가?
아름다운 풍경과 그것이 나의 몸에 일으키는 인상과 느낌을,
낯선 존재와 부딪히는 영혼의 떨림을,
광대하고 깊은 삶의 신비를 어찌 경험하겠는가?
삶의 질質은,
자연과 인간, 그리고 예술과 사유의 세계를,
생생하고, 통일되고, 넓고 깊이 인식하고 경험하는 데 있지,
고가의 상품을 많이 소유하는 데 있지 않다.
소유하는 만큼 덜 존재하고, 존재할수록 덜 소유하는 법이다.
오스카상 수상자 맥커너히M. McConaughey는 성공하고서도
트레일러 집에서 산다.
이케아IKEA 창립자 캄프라드I. Kamprad는 헌옷을 사고
오래된 볼보 차를 탔다.

세네카에 따르면 스토아학파 철학자 크리시포스Chrysippus는 이렇게
말했다.
"지혜로운 자는 아무것도 필요하지 않고 무엇이든 유용하게 쓸 수
있는데 어리석은 자는 무수히 많은 것이 필요하면서 어떤 것도 유용
하게 쓸 수 없다."

스마트폰은 분명 여러모로 편리하지만,

믿기 어려울 정도로 삶을 곤궁하게 만든다.

사물 특히 기계의 문제는,

그것이 주는 이로움에 눈멀어

자신도 모르게 중독되고 종속된다는 것이다.

그리하여 의식하지 못한 채

자연과 사물과 인간 간의 통일성을 잃을 뿐 아니라

자신마저 돌아볼 여지를 잃는다.

스몸비(스마트폰+좀비)라는 신조어가 얼마나 끔찍한지

간과하거나 외면한다.

몸을 위해 때때로 해독하듯

정신의 건강을 위해 '기계 없는 시간'이 필요하다.

"조용하고 소박한 삶은 끊임없는 동요와 결부된 성공의 추구보다

더 많은 행복을 가져다준다." 아인슈타인의 말이다.

존귀한 자여, 존귀함을 회복하기 위해 삶을 바꿔야 하리라.

복잡하고 산만한 삶에서 단순한 삶으로.

소유 양식의 삶에서 존재 양식의 삶으로.

적게 소비하고 적게 소유하는 단순한 삶은,

자신뿐 아니라 위기에 처한 지구 환경에도 이롭다.

"행복의 비밀은 더 많은 것을 추구하는 것이 아니라

적은 것을 즐기는 능력을 개발하는 데 있다." 소크라테스의 말이다.

8

내면('참 나')의 목소리에 귀 기울여라

▷ 선유도공원, 서울, 2001년(건축가 조성룡).

우리는 마침내

지금까지 밀쳐둔 '참 나'의 문제를 생각해볼 지점에 이르렀다.

이 문제는 너무 어려워

나 또한 답을 모르며 잘 다룰 능력이 부족하다.

그럼에도

우리가 살고자 하는 '좋은' 삶은

그저 좋은 삶이 아니라 우리가 살기에 '진정하게 좋은' 삶인 까닭에

마냥 피할 수는 없다.

살아가며 때때로 숙고해 봐야 할 피할 수 없는 문제다.

따라서 나는 이참에 다른 이의 지혜들을 빌려 나의 생각을

풀어본다.

1.

앞서 썼듯

죽음을 코앞에 둔 사람들은,

만일 다시 한 번 살 기회가 주어진다면,

'진정 자신이 원하는 삶'을 살리라 고백하며

그동안 살아온 삶을 후회한다.

자신이 살아온 삶의 주인은 '진정한 자신'이 아니었다는 말이다.

혹은 자신이 생각하는 진정성에 따라 살지 않았다는 말이다.

이것은 곧, 나는 무엇이 진정한 삶인지 안다는 뜻이다.

따라서 앞의 두 문장은 동일한 의미의 두 다른 표현이라고 할 수

있다.

'진정한 삶'이 무엇인지 아는 주체야말로 '진정한 자아'이기 때문이며,

'진정한 자아'만 '진정한 삶'이 무엇인지 알 수 있기 때문이다.

뉴스를 떠들썩하게 장식한 조주빈은 자신을 박사로 칭하며 미성년자 등을 협박해 성착취 동영상을 찍은 뒤 텔레그램에 유포한 혐의를 받는 '박사방' 운영자다. 검찰로 송치되며 폴리스라인에서 많은 기자와 시민 앞에서 이렇게 말했다.

"멈출 수 없었던 악마의 삶을 멈춰 주셔서 정말 감사하다."

그의 악행은 자신이 아니라 악마가 저질렀다는 말이다.

악행의 범인으로 여러분이 보고 있는 '나'는 '진정한 나'가 아니라는 것이다.

'진정한 나'는 악행을 멈추고 싶었지만, 악마의 힘에 끌려 어쩔 수 없었다는 것이다.

죽음을 목전에 둔 이들과 조주빈이 주장하는

'진정한 자기(자아)' 곧 '참 나'는 무엇이며 도대체 어디 있는가?

영혼, 내면의 자아, 사회적 자아와 구별되는 진정한 자아眞我 등의 용어는,

우리 모두 각자 남들과 구별되는 고유한 자기(자아)가 있다는 것을

암시한다.

그에 반해 위대하거나 탁월한 각자覺者는 그러한 것은 없다고
가르친다.

석가모니가 대표적인데, 스피노자도 비슷하다.

석가모니에 따르면
생명이 있는 것이든 생명이 없는 것이든
모든 형체는 상호의존적이며 상호작용을 통해 생기고 사라지는
것으로서,
그 자체의 본성, 곧 자성自性이 없다.
인간도 예외가 아닌 까닭에 '자기'라는 것은 없다.
어떤 것이 존재한다는 것은,
서로 의존하고 있는 그 이전의 모든 것이 상호작용했다는 것이며,
지금도 그러하다는 것이다.
어떤 것도 스스로 생기지 않는다는 것이며,
모든 것은 모든 것의 상호작용으로 생기고 변하고 소멸한다는
것이다.
비유를 들자면 '자기'란 모든 것이 엮인 그물의 한 코라는 말이다.
따라서 죽는다는 것은 '몸-마음'이 다른 형태의 물질과 에너지로
변한다는 것이다.

그런데도 우리는,

우리 자신이 마치 변하지 않는 하나의 독립적 존재인 냥 여기며,
다른 모든 것을 대상화해 자신의 욕망에 따라 이렇게 대하고
저렇게 다룬다.
좋아하고 싫어하며, 사랑하고 미워한다.
가까이 하고 멀리하며, 갖고 싶어 하고 잃기 싫어하며
쟁취하고 버린다.
애착愛着에서 비롯하는 소유의 기쁨과 상실의 고통을 겪는다.
이 모든 것은 '자기'(와 그 욕망)에 대한 잘못된 생각과 집착
때문이다.
'자기'가 어떻게 생겨나는지 모르기 때문이다.
그러므로 '참된 자기'가 무엇인지 알게 되면,
선사禪師 스즈키의 말처럼 자기 존재의 핵심을 깨달으면,
그러한 욕망에서 벗어나 번뇌를 끊을 수 있다.

만물은 변한다는 뜻의 제행무상諸行無常의 사상을 토대로 삼는
불교는,
'자아(자기)'는 없다는 요지의 무아론無我論을 내세운다.
그런데 '자아'란 없을 수 없다.
모든 것이 연기緣起로서 존재한다고 하더라도
모든 것이 서로 의존하며 상호작용하는 방식으로 '있다'.
연기로서 생기는 까닭에 실체적으로 따로
존재하지 않는다고 하더라도

설령 그것이 실상은 그렇지 않은데 '그렇게 보인다'고 하더라도
그래서 그것이 일종의 가상假像이라고 하더라도
자아는 지금 여기 구체적인 삶을 살아가는 나의 엄연한 힘으로
실존한다.
게다가
'자아'가 없이는
'진정한 자아'가 무엇인지 자기존재의 핵심을 깨달을 방도가 없다.
그 '자아'가 설령 진여眞如나 '진정한 자아'가 아니라 할지라도
그것 없이 우리는 아무것도 할 수 없다.

2.
우리는 다양한 경험을 지닌 과거와 현재의 자신을 하나로
통일해 구성한
마음의 구성체인 '자아'를 지니고 산다.
그러한 '자아'는 평생 동일한 것으로 지속되지 않는데,
'자아'는 그것을 '의식하는 시점'에 통일된 하나의 상(이미지)이기
때문이다.
따라서 고정된 단 하나의 영속적 자아는 없다는 주장은 옳다.
그렇다고 해서 '자아' 자체가 없다고 주장하는 것은 현실적으로
타당하지 않다.
현실 세계에서 우리는 최소한 두 개 이상의 자아(페르소나, 얼굴)로
살아간다.

타인과 함께 하는 장소에서 사회적 역할을 수행하는
'사회적 자아'
그리고 홀로 있을 때 아무 거리낌 없이 자신에게 충실한
'개인적 자아'.

나는 선생이며, 비평가이며, 누구의 아빠며, 누구의 친구인데,
어떤 경우에는 작가, 바리스타, 연주자 등일 수 있다.
다른 상황과 시점時點에서는 현장소장, 운전사 등으로 불리는
다른 자아일 수 있다.
이것들을 뭉뚱그려 일반적으로 '사회적 자아'라고 부르는데,
나의 사회적 자아를 온전히 서술하거나 모두 규정하는 것은
불가능하다.
나의 미래는 열려 있으며 나의 운명을 내가 온전히 통제할 수
없는 한,
범죄자나 호스피스 환자가 될 가능성도 깡그리 배제할 수 없기
때문이다.
'나'라는 존재는 또한 여러 기질과 특성을 지닌다.
'지금의 나'는 비속어를 쓰는 유명인과 정치인을 싫어하고, 커피를
좋아하고 음악과 문학과 철학을 사랑하며, 어떤 사람은 나를 독설
가로, 또 어떤 사람은 나를 잘난 체하는 인간으로 생각하는 개인이
다. 만약 나에 대해 그런 식으로 말할 수 있는 '지금의 나'에 대한
모든 것과, '과거의 나'를 포함해 '미래의 나'에 대한 모든 것을 합친

다면, 아마 그것이 '진정한 나'라고 할 수 있을 텐데, 이것은 근본적으로 불가능하다.

나는 나 자신에 의한 것이든 타인에 의한 것이든 어떤 규정도 넘친다.

나를 규정하는 사실성을 초월한다.

마이스터 에크하르트와 그의 딸이 나눈 다음의 이야기는, 인간 존재의 초월성을 잘 보여준다.

"어린 소녀가 도미니크 수도원에 와서 마이스터 에크하르트를 찾았다. 문지기가 말했다. '누구라고 알려드릴까요?', '나는 몰라요.' 라고 그가 대답했다. 문지기가 말했다. '왜 모르지요?' 그가 말했다. '나는 소녀도 아니고 여인도 아니고, 남편도 아니고 아내도 아니고, 과부도 아니고 처녀도 아니고, 주인도 아니고 가정부도 아니고 종복도 아니니까요.' 문지기는 마이스터 에크하르트에게 갔다. 그가 말했다. '제가 본 가장 이상한 피조물에게 저와 함께 가서, 고개를 내밀고 '누가 나를 원하나요?'라고 물어보세요.' 그는 문지기에게 했던 것과 똑같은 말을 그 마이스터 에크하르트에게 했다. 마이스터 에크하르트가 말했다. '나의 귀한 애야, 너는 참되고 쉽게 말하는구나. 네 말뜻이 무엇인지 더 설명해다오.' 그가 말했다. '내가 소녀라면 아직도 어린이의 순수성에 머물 것이고, 내가 여인이라면 영원한 말씀을 내 영혼에 쉼 없이 간직하고 있을 것이고, 내가 남자라면 모든 죄에 강고하게 저항해야 할 것이고, 내가 아내라면 내가 유일하게 사랑하는 남편에게 신실해야 할 것이고, 내가 과부라면 나의 단 하나의 사랑을 영원히 갈망해야 할 것이고, 내가 처녀라면 경건한 예배를 드리고 있을 것이고, 내가 주인이라면 모든 신성한 덕을 행사할 것이고, 내가 가정부라면 신과 모든 피조물을 온순하게 섬길 것이고, 내가 종복이라면 나의 모든 의지로써 모순되지 않게 주를 섬기며 열심히 일하고 있을 것입니다. 그런데 나는 이 모든 것 중 아무것도 아닙니다. 나는 그저 다른 어떤 것과도 같은 하나의 사물이며, 나의 길을 가는 중입니다.' 마이스터 에크하르트는 그의 형제들에게 가서 말했다. '나는 방금 지금껏 만났던 사람 중 가장 순수한 인간의 말을 들은 듯싶다.'"[15]

3.
그렇다면 물어야 할 질문은 이것이다.
'사회적 자아'는 '참 나'인가, '참 나'가 아닌가?
지난 화요일 비대면 수업을 한 아무개 '교수'는 '참 나'인가,
아닌가?
만약 언젠가 내가 범죄를 저질러 붙잡힌다면,
그리고 유죄선고를 받는다면,
만약 어느 시점에 돌연히 호스피스 병동에서 죽음을 맞이한다면,
그때 그 범죄자, 그 호스피스 환자는 '참 나'인가, 아닌가?

15) *The Complete Mystical Works of Meister Eckhart*. Trans. and Ed. by M. O'C Walshe. The Crossroad Publishing Co., 2009, p.581~582.

사르트르는 자신의 주저主著 『존재와 무』에서
'사회적 자아'를 일종의 자기기만에 기초한 역할놀이로 간주한다.
자신을 기만하는 상이니 '참 나'일 수 없다.
왜 그런가?

마트의 계산대 점원은
사회가 온당하다고 여기는 '마트 계산대 점원' 역할을 충실히 한다.
우리에게 그는,
어김없는 '마트 계산대 점원'이다. 더도 덜도 아니다.
그런데 다른 눈, 곧 자신이나 그의 가족이나 친구에게 그는,
'마트 계산대 점원'이 아니다.
힘든 이웃을 돕고 슬픈 친구들을 위로하는,
마음 따뜻한 외로운 중년이다.
그는 그저 정해진 노동시간에 '마트 계산대 점원' 일을 하고 있을
뿐이다.
그러니 '나는 누구인가?'라는 질문
혹은 '그는 누구인가?'라는 질문에,
그는 자신을, 그리고 그와 가까운 사람들은 그를,
결코 '마트 계산대 점원'이라고 대답하지 않을 것이다.
형편이 어려워 '마트 계산대 점원'으로 살고 있지만,
마음만 먹으면 지금 당장 '마트 계산대 점원'을 그만둘 수 있다.
생계에 발목이 잡혀 '마트 계산대 점원'의 역할을 충실히 수행할

따름이다.

그렇더라도 나에게 그는 '마트 계산대 점원'이다.

내가 필요한 상품들을 챙겨 값을 지급하려고 그의 앞에 섰을 때,

그가 만약 '마트 계산대 점원'이 아닌 사람으로 나에게 대한다면,

나는 당혹스러울 것이며, 계산에 충실할 것을 종용할 것이며,

심지어 항의할 것이다.

그는 정확히 거기에 맞는 존재 형식으로 실존해야 하고,

우리 모두 현실 세계에서 그렇다.

어려운 형편에 어렵게 공부를 마치고 어려운 과정을 거쳐

마침내 평생 꿈꾸던 대학교수로 임용된 그는,

첫 학기를 맞아 비대면 수업을 시작했다.

비록 스크린이지만, 그는 자신의 학생들 앞에서

특정 학과 교수로서 강의를 한다.

강의뿐 아니라 사회와 대학이 요구하는

모든 역할을 전심으로 수행한다.

그런데 그와 그의 식구와 친구들에게 그는,

앞서의 경우처럼 교수가 아니다.

교수라는 직업을 가진 아들이거나 딸이거나 다소 엉뚱한 친구다.

그렇다고 해서 그가 교수가 아닌 것은 아니다.

그는 교수이기도 하고 교수가 아니기도 하다.

내가 진실로 원해서 하든 어쩔 수 없이 하든
특정 상황에서 나는 '마트 계산대 점원'이거나 '대학 교수'다.
나는 내가 그 존재라고 믿고 그에 부합하는 삶을 산다.
모든 사람에게 그것은 어김없는 사실이며,
사회는 그러한 '나'들에 의해 별 탈 없이 돌아간다.
그런데 그렇다고 해서 나는,
나 자신을 포함해 누구든지,
나를 '마트 계산대 점원'이나 '대학 교수'로 확정적으로 규정하는
것은 받아들일 수 없다.
어떤 일자리(직업, 사회적 자아)든
내가 옳다고 여기지 않고 수긍하기 싫은 측면도 있지만,
내가 욕망하는 '이상적(진정한) 자아'나
사회(대타자)가 욕망하는 '자아 이상'에 부합하지 않기 때문이다.
한마디로 어떤 사회적 자리(직업)도 나의 영혼을 온전히 채울 수
없기 때문이다.
이것은 다음을 뜻한다.
나는 '마트 계산대 점원'이나 '대학 교수'다.
그와 동시에 나는 '마트 계산대 점원'이나 '대학 교수'가 아니다.
모든 희생을 각오하고 결행한다면,
나는 당장 '마트 계산대 점원'이나 '대학 교수'를 그만둘 수 있다.
따라서 내가 '마트 계산대 점원'이나 '대학 교수'인 것은,
그것이 아닐 수 있는 실존의 '자유'를 부인하는 것이다.

나 자신을 기만하는 것이다.

나는 '마트 계산대 점원'이나 '대학 교수'로 태어났다고,

그러니까 그것이 나의 영혼에 온전히 부합한다고 믿을 뿐 아니라

오직 그로써만 산다고 해도 사태는 그리 변하지 않는다.

믿음과 진실은 다르기 때문이다.

믿음은 내가 명석판명하게 알지 않는 것에 나 자신을 헌신하는

행위다.

키에르케고르가 규정했듯 "가장 열정적인 자기성찰의 전용轉用 과정

으로 유지하는 객관적 불확정성"[16]이다.

내가 명석판명하게 아는 것은 그냥 아는 것이어서,

믿고 말고 할 것이 없다.

굳이 보태자면 나는 내가 '분명히 안다는 사실을 믿는다.'고도

말할 수 있겠지만,

그것은 곧, 나는 내가 그렇게 '믿는다는 것을 안다'고 말하는 것과

다르지 않다.

그가 나를 좋아하는지 싫어하는지 명석판명하게 알지 못하지만,

나는 그가 나를 좋아한다고 믿는다.

그가 나를 좋아한다는 것을 명석판명하게 안다면, 믿거나 말거나

할 사안이 안 된다.

16) 따라서 키에르케고르는 믿는 자의 헌신과 노력에 주목해 믿음을 위대한 행
위라고 생각한다. 만일 믿는 자가 믿음을 갖는 데 어떤 적극적인 역할을 하지 않
는다고 한다면, 무엇을 믿는 행위는 영광일 수 없기 때문이다.

우리가 신을 믿는 것은,

그에 대한 증거가 확실해서가 아니라 도리어 명백하지 않기

때문이다.

그러므로 내가 신을 믿는다는 것은,

나의 믿음을 떠받치는 행동을 적극적으로 한다는 것이다.

나의 믿음을 가능하게 하는 것은 나의 열정이기 때문이다.

이것은, 나는 신을 믿지 않는다는 사실을 내포한다.

내가 신을 전적으로 믿는다면 믿기 위해 애쓸 필요가 전혀 없기

때문이다.

우리는 하늘이 결코 무너지지 않는다고 믿는 까닭에

하늘에 대해 무심無心하다.

우리는 절대적으로 믿는 것에 대해서는 어떤 행동도, 어떤 생각도

하지 않는다.

믿고 잊은 채 산다.

수십 년 전 실종된 군인 아들을 둔 아버지가,

그는 아직 어디에선가 살아 있을 것이라고 믿는 일은

하늘이 무너지지 않는다고 믿는 일과 전적으로 다르다.

그의 아버지는, 누군가 그가 죽었을 가능성이나 개연성을 내밀 때,

단박 거부한다.

자신의 믿음이 잘못일 가능성을 제시하면,

자신의 주문呪文을 속으로 더 크게 외면서 자신의 믿음을 강하게

주장한다.

믿음을 지키기 위해 극렬하게 시위하는 등 사회적, 정치적 문제를 야기하기도 한다.

일반인이 보기에 너무 심해 이렇게 묻고 싶을 정도다.

"당신은 누구를 설득하려고 그토록 애쓰는가? 우리인가, 당신 자신 인가?"

모든 자기기만은 이런 식의 믿음을 내포하고 있는데,

당사자도 자신은 충분한 증거를 결핍하고 있다는 사실을,

자신의 믿음이 온당하지 않다는 것을,

따라서 자신이 틀릴 수 있다는 것을 안다.

정확히 그 이유 때문에 그는,

그것을 인식할 때마다 오류의 가능성을 배제하기 위해

더 열정적으로 행동하게 되고 그 점을 더 인식하게 된다.

그런 식으로 그는,

자신의 믿음을 더 단단하게 하려 할수록,

믿음에 더 가까이 가거나 믿음과 일체가 되기보다 멀어진다.

더 믿을수록 더 믿지 않게 된다는 것이다.

사르트르의 말처럼

모든 믿음은 부족한 믿음이어서, 우리는 믿음을 결코 온전한 것으로 만들 수 없다.

자기기만은 어느 정도 성공할 수 있지만, 결코 온전히 성공할 수 없다.

다시 돌아가 누군가 우리들 앞에 서서,

나는 결단코 오직 '마트 계산대 점원'이나 '대학 교수'일 뿐이라고

믿으며,

전심전력으로 그렇게 산다고 주장한다고 치자.

이 진술은 의심스럽거나 공허한데,

전심을 다한다는 것은 늘 전심을 다하지 않는 측면이 있다는 것을,

따라서 그것을 메우려고 애쓰고 있다는 것을 시사하기 때문이다.

자신을 마치 반성(자기의식)할 능력이 없는 사물처럼 살지 않는 한,

그렇게 사는 것은 단순히 불가능하다.

인간의 의식은 필연적으로 자기의식과 더불어

특정한 관점에서 어떤 대상과 맞물리는 까닭에 부분적일 수밖에

없기 때문이다.

그렇다면 자신의 악행을 악마의 소행으로 돌리는 조주빈은

어떤가?

이것은 '마트 계산대 점원'의 일을 하고 있는 '마트 계산대 점원'이,

자신은 '마트 계산대 점원'이 아니라고 하는 것과 똑같이 어처구니

없다.

성인이 된 이후 지금까지, 그리고 죽을 때까지

'마트 계산대 점원'의 일만 하는 것은 아니기 때문에.

자신은 '마트 계산대 점원'이 아니라고 말하는 것은 옳다.

마치 홈런 한 번 쳤다고 해서 홈런 선수가 되는 것은 아닌 것과 같은

이치다.

그러나 그것은 자기 자신에게는 진실일지 몰라도,

사회적 장소에서는 결코 진실일 수 없다.

자신이 악행의 당사자라는 사실을 '사회적 장소'에서

부인한다는 점에서,

그리고 자기기만을 앞서 살펴본 '믿음'의 차원에서

실행하고 있다는 점에서,

조주빈은 사회적으로 위험하고

개인적으로 위태로운 '자아'를 지니고 있다.

희대의 탈옥수 신창원은 옥중 편지에서

자신이 "사형도 부족한 중죄를 지은 죄인"이라고 썼다.

그의 진술은 '마트 계산대 점원'만큼이나 사회적으로 신실하다.

그리고 우리는 그의 진술에서,

자신을 '죄인'으로 인식하는 '죄인이 아닌 (어떤)자아'를 발견한다.

그런데 우리는 그것이 얼마나 진실한지 결코 알 수 없다.

자기 자신만 알거나,

자신도 자기기만에 함몰되어 모를 수 있다.

이 지점에서 분명하게 드러나는 것은,

이러저러한 형태의 '사회적 자아'는,

모두 정도만 다를 뿐 '자기기만'을 벗어날 수 없다는 것,

따라서 그것은 결코 '진정한 자아'일 수 없다는 것이다.

4.

그렇다면 '개인적 자아'는 어떤가?

'개인적 자아'는 오직 자신의 내면에 있는 까닭에

우리로서는 그의 '진정한 자아'를 확인하거나 판별할 수 없다.

그것을 할 수 있을 가능성을 쥔 자는 자신밖에 없다.

따라서 '개인적 자아'는 일반적인 논의가 불가능하지만,

우리는 다음을 미루어 짐작할 수 있다.

홀로 실존하는 상황은 자신을 기만해야 할 조건이 없거나 있어도

드물다.

따라서 '진정한 자아'에 가깝다.

여기서 문제는,

그가 어떤 실존의 상황에 놓여 있느냐에 따라

사태가 달라질 수 있다는 점이다.

그의 삶의 이력의 특정한 좌표, 곧 20대, 30대, 40대 등

특정한 나이와 건강 상태,

그리고 자신을 둘러싼 세계와 세계 속의 자신의 입지 등이

영향을 미치기 때문이다.

따라서 '진정한 자아'는 결코 확정적일 수 없다.

그렇다면 또다시 '진정한 자아'는 어디 있으며, 도대체 무엇인가?

'진정성(참)'을 둘러싼 담론은 '거짓'이나 '가짜'를 전제한다.

참과 거짓은 '하나의 쌍'으로만 존재하기 때문이다.

'진정한 자아'는 '진정하지 않은 자아'를 전제한다는 말인데,
'사회적 자아'는 자기기만을 포함하는 까닭에 '진정한 자아'일 수
없다.
그리고 '개인적 자아'는 자기기만의 환경이 없거나 빈약한 까닭에
그 가능성이 높다.
여기서 우리는 '진정한 자아'를 다루는 데
필요한 명제 두 개를 추릴 수 있다.
첫째, '진정한 자아'를 식별할 수 있는 것은
자기 자신에 대한 진실성이다.
둘째, '진정한 자아'를 식별할 수 있는 자는
그것을 문제로 삼는 자신뿐이다.
그러므로 우리는 이렇게 말할 수 있다.
자기 자신에게 진실할 때,
'개인적 자아'뿐 아니라 '사회적 자아'도 '진정한 자아'다.

5.
그렇다면 이렇게 물을 수 있고, 또 물어야 한다.
'사회적 자아'는 왜 자신에게 진실한 자아가 아닌가?
혹은 아닐 가능성이 큰가?
'사회적 자아'는 실존의 자유로부터 떨어져 있기 때문이다.
우리가 태어날 때 이미 존재하고 있는 사회(세계)와 언어는,
우리가 자유롭게 선택하고 변경할 수 있는 것이 아니라

거기에 편입해 그 질서에 맞춰 살 수밖에 없는 환경이다.

우리가 욕망하는 대로 자유롭게 살 수 있는 환경이 아니다.

예컨대 어떤 말을 하고 싶거나 무슨 말을 해야 할 때,

우리는 우리 마음대로 우리의 말들을 창안해 우리 마음대로

구성할 수 없다.

우리보다 훨씬 오래전부터 존재해온 낱말들을 관용慣用에 따라

엮어야 한다.

무언가를 표현할 때도 그렇다.

이런 상황에서는 이런 기성旣成의 표현을,

저런 상황에서는 저런 기성의 표현을 써야 한다.

가슴에 벅찬 감동이나 신비하고 낯선 감정도 거기에 맞춰야 한다.

심지어 사랑하는 행동이나 그것을 표현하는 방식도,

사람들이 하는 대로 해야, 빈약하나마, 의미를 전달할 수 있다.

거기에는 '나' 곧 누구와도 다른 개인의 욕망이 끼어들 자리가 없다.

나만의 어떤 충일한 감정을 표현할 방법이 없다.

언어뿐 아니다.

나보다 앞서 존재하는 세계에는

부모, 선생, 선배, 친구, 그리고 세상의 뭇사람과

다르게 먹고, 다르게 입고, 다르게 일하고, 심지어 다르게 생각할

여지가 (거의) 없다.

세상의 구조, 곧 기성의 생활 양식을 벗어나는 것은 (거의)

불가능하다.

상품 마케팅 자유 시장 사회는 우리 각자의 개성마저 상품화하고,
심지어 없던 욕망마저 창안해 우리를 소비자로 포획한다.
'나는 소비한다. 고로 존재한다.'는 말처럼
우리는 우리 앞에 마련된 상품(집과 옷과 음식)들로써 살아간다.
그리고 그리하기 위해 세상이 요구하는 노동을,
세상이 원하는 방식(출퇴근, 입학과 졸업, 입사 등등)으로
잘 하려 애쓴다.
행여 속도를 따라잡지 못할까, 직업을 잃지 않을까 불안해하며,
기성 세계에 들러붙어 산다.
시장에 쓸모 있는, 가능하다면 더 좋은 상품이 되기 위해 애쓴다.
어떤 직업은 대부분 명문대 출신이 장악하고,
어떤 직업은 외국인 노동자가 감당한다.

대부분의 사람은 그렇게 세상의 논리, 가치, 쓸모, 여흥 등에
맞춰 산다.
그 형식 또한 불안정하고 불확실한 삶이긴 하지만,
그나마 그것이 세상 안에서는 가장 안전하기 때문이다.
그런데 예수는 이렇게 가르친다.
"좁은 문으로 들어가라. 멸망으로 인도하는 문은 크고 그 길이 넓어
그리로 들어가는 자가 많고 생명으로 인도하는 문은 좁고 길이 협착
하여 찾는 자가 적음이라."

뭇사람이 들어가는 넓고 큰, 그래서 편한 문은

멸망(허비/탕진)으로 인도하지만,

적은 수의 사람이 들어가는 좁은, 그래서 힘들고 어려운 문은,

세상이 아니라 진리에 따라 사는 길이어서

생명(기쁨과 구원)으로 인도한다는 것이다.

20세기의 큰 철학자 하이데거도 비슷한 생각을 했다.

그의 통찰에 따르면

자신의 가능성을 외면한 채 세상 흐름에 따라 사는

'세상 사람들das Man'이

인간의 본디 존재 양식을 벗어나 산다면,

자신의 가능성에 귀 기울인 채 그것을 향해 자신이 설정한 방식으로

사는 사람은,

인간 본래의 존재 양식에 따라 산다.

세상 속에서 세상의 힘과 논리로부터 벗어나

오직 자기 자신에 진실하고 자기존재의 진정성에 따라 사는 것은,

자신이 숙고하고 자신이 선택한 대로 사는 것은,

힘들 뿐 아니라 매우 어렵다.

세상 흐름에 따라 사는 뭇사람의 삶에 흡수되지 않으려면,

그러니까 남들'처럼' 살지 않으려면,

더 나아가 나의 가능성을 열어가며 살기 위해서는,

세계 속에 내가 그리할 수 있는 여지를 만들어내야 하는데,

그리하는 일은 생계의 리스크도 클 뿐 아니라

정신적으로나 육체적으로 무척 고통스럽고 어렵다.

세상이 결정해둔, 기성의 권력이 승인하는

가치(윤리, 도덕, 아름다움), 이념(자유, 평등, 자본주의 등), 교육

등에 맞서는 것은,

범인이 감히 흉내 내기 어려운, 실로 감당하기 벅찬 일이다.

기성의 세계의 재료(언어)들로써 자신만의 감정을 표현하려

애쓰는,

전업 예술가, 특히 전업 시인의 삶이 그것을 잘 증언한다.

궁핍한 시대의 시인은,

정신은 때때로 기쁨으로 충만하겠지만 늘 힘겹다.

물질적으로 곤궁하기 짝이 없다.

6.

'진정한 자아'가,

개인이 반성을 통해서만 찾고 확인할 수 있는 것이라면,

그것은 어딘가에 있는 것이 아니라

반성이라는 '특정 상황'에서 생긴다고 할 수 있다.

그러므로 이렇게 말할 수 있다.

'진정한 자아'는 어디에도 없다.

그렇다고 없는 것도 아니다.

그것은 존재하지 않는 상태, 곧 부재不在로 현존한다.

정신분석은,

'이드id, 그것'라 부르는 충동과 본능 덩어리를 '참 나'로 본다.

가공되지 않은 '리비도libido, 성 에너지'로 '쾌락원리'를 따르는 '이드'가,

자아ego를 분만한 모태이자

마음을 움직이는 궁극적 모터이기 때문이다.

'이드'의 한 부분인 자아는 '현실원리'에 따라 '이드'에 봉사한다.

쾌락을 쫓는 맹목적 충동인 '이드'를, 세상의 논리와 힘에 따라

돕는데,

쾌락을 즉각 만족시킬 수 없는 상황에서는 '이드'를 지연시키고,

욕구가 너무 강하고 위험한 상황에서는 '이드'를 금지시킨다.

일반적으로 '양심'이라고 부르는,

자아의 한 부분인 '초자아super-ego'가 그리한다.

억압된 충동을 위험하지 않은 방식으로 해결하는 것이

현실적으로나 장기적으로 '참 나'에 유익하기 때문이다.

예컨대 상사가 역겨울 때 그의 책상을 발로 차든지 하는 식으로,

간접적으로 만족을 구하며 위험을 피한다.

정신분석이 해석하는 '참 나'인 '이드'가 흥미로운 것은,

거기는 우리의 의식이 전혀 미치지 못한다는 것,

그러니까 '이드'의 에너지가 발현하는 어떤 증후(충동이나 욕구)만

느낄 뿐이지

그것의 실체(정체)를 알 수 없다는 것이다.

게다가 (초)자아는 '이드'를 현실뿐 아니라 꿈에서도 검열한다.
그리하여 검열을 통과하지 못해 억압된 '이드'의 파괴적 욕동은,
자리를 바꾸거나 압축된 형태로 변신한다.
여기서 중요한 것은, 억압된 에너지는 결코 사라지지 않는다는
것이다.
따라서 간접적인 경로인 승화를 통해 방출하지 않고 오래 두면,
육체적 고통이나 신경증으로 발전해 건강을 해친다.

어려운 용어들이 난무하는 정신분석을 거론하는 것은,
마음을 연구하는 학문도 '참 나(진정한 자아)'는,
우리의 의식이 접근할 수 없는,
따라서 우리가 알 수 없는 무엇으로 해명한다는 점이다.
이로써 우리는 이렇게 결론지을 수 있겠다.
우리는 '참 나'가 무엇인지 그 정체를 알 수 없고,
어떤 방식으로든 그것을 다만 직감直感할 뿐이다.
베르그송은 이렇게 쓰고 있다.

"우리 영혼들의 깊은 곳에서 우리는 우리 내면의 생명의 끊어지지
않은 멜로디, 종종 명랑하지만 그보다 더 자주 슬프고 항상 독창적
인 음악의 곡조들을 들어야 한다. 이 모든 것이 우리 주위와 내부에
있지만, 우리는 그 어떤 것도 뚜렷하게 지각하지 못한다. (중략) 볼
수 있는 외부의 감성의 기호들인 수천의 기초적인 행위들 아래, 개인

의 마음 상태를 드러내면서 숨기는 흔하고 인습적인 표현 뒤에, 그것들이 순수한 본질로 획득하는 감성, 본디의 분위기가 있다."[17]

7.
'참 나'란,
예컨대 '그래, 힘들어도 이렇게 사는 게 맞아!'라거나
'이렇게 살면 안 되는데…'라거나 하는 식으로,
개인이 반성을 통해 깊은 느낌으로 확인할 수 있는 것인 까닭에
상황에 따라 정립해 자신의 삶의 방향을 확인하는
자기실존의 북극성이라고 할 수 있다.
그로써 우리는 과연 우리 자신에게 신실한 삶을 살고 있는지,
과연 우리 자신의 인생의 길을 제대로 걸어가고 있는지 확인한다.

그런데 인간은 실존적으로,
나의 본성(본질)로 확정된 사물과 달리
뭇 가능성으로 충만한 열린 존재다.
나는 이것도 될 수 있고 저것도 될 수 있으며,
이것을 하면 저것이 하고 싶고, 저것을 하면 또 다른 것이 하고 싶다.
한 곳에 머물면 어디론가 떠나고 싶고, 떠돌아다니면 다시 어딘가에
머물고 싶다.
그리고 나의 내면에 일렁이는 욕망들을 한껏 표현하고 만족시키고

17) Henri Bergson. *Laughter: An Essay on the Meaning of the Comic* (pp. 71~74). Neeland Media LLC. Kindle Edition.

싶다.

나의 영혼에서 머뭇거리는 이러저러한 씨들을 만개滿開하고 싶다.

그런데 나는 '참 나'가 누구인지, 무엇인지 모른다.

나의 '참 씨'를 느낄 수 있을 뿐 분명히 알지 못한다.

이런 점에서 '참 나'는,

하나의 상(이미지)이라기보다 나의 현재적 삶의 처지와 상황을

비추는 빛이다.

나의 실존의 앞뒤 모습을 살펴보게 하는 거울이다.

'참 나'의 존재의 탐색과 회복을 요구하는 생명의 정언적 명령이다.

우리가 그것을 따르는 방도는,

용기를 내어 자신의 욕망에 충실한 방식으로 힘써 살아나가는

것뿐이다.

용맹정진뿐이다.

괴테가 『파우스트』에서 썼듯

우리는 노력하는 한 방황할 수밖에 없는데,

파우스트가 종국적으로 구원을 받는 것은 바로 그것에 의해서다.

톨스토이는, 죽은 다음 해에 세상에 나온 자기비평이라 할 수 있는

『세르기우스 신부』에서, '참 나'를 확인하는 일이 얼마나 어려운지

혹은 불가능한지 보여준다. 어릴 때부터 자신의 내면에 깃든 종교적

심성을 간직한 청년은, 성공을 앞둔 시점에 세속의 삶을 끊고 세루

기우스라는 이름의 신부가 된다. 신부는 노인이 되기까지 신을 위해

살고자 애썼지만 결국 실패하고 환속해, 범인의 성실하고 선한 삶이
야말로 진정한 삶임을 깨닫고 평범한 여생을 살아간다는 내용인데,
줄거리는 대강 이렇다.

출세의 길이 확실히 보장된 스테판은, 약혼자에게 실망해 세속의
삶을 끊고 어릴 때부터 줄곧 내면으로 느껴온 종교심에 따라 수도
승이 되었다. 수도원에서 3년을 채우고 세르기우스라는 세례명을
받아 신부가 되면서 큰 위안과 영적 희열을 경험했다. 지도자의 말
에 복종하는 데 평화를 느끼며 7년을 보냈다. 신부의 삶이 습관적으
로 바뀌면서 영적 게으름이 커져 더 높은 직위에 오르기 위해 대도
시 수도원으로 옮겼다. 도시의 유혹은 쉽게 맞섰지만, 자존심과 싸
우는 것이 괴로웠다. 그는 그곳을 떠나 은자의 삶을 시작했다. 운둔
생활이 6년째 접어든 마흔아홉의 나이에, 욕정을 끊으려고 도끼로
집게손가락을 잘랐다. 그리고 그는 오직 필요한 것만 챙긴 채 7년간
금욕의 삶을 살았다. 그의 명성이 높아졌고 8년째에는 치유의 능력
을 갖게 되면서 사람들이 몰려들어 그를 스승이라 불렀다. 그렇게
암자에서 13년의 세월을 보내고 노인으로 변했다. 치유 능력으로
여전히 자만심이 들 때마다 기도했지만 이겨내기 어려웠다. 치유받
기 위해 찾아온 어린 소녀에게 정욕을 느낀 그는, 기도로써도 저항
할 수 없었다. 다시 손가락을 잘라내러 나갔다가 실패하고 농부 옷
으로 암자를 떠났다. 신은 없다고 탄식한 그는 강가로 갔다. 자신의
삶을 끝내고 싶었는데, 문득 어린 시절 고향의 여자어린이 파센카가

떠올랐다. 잠시 잠들었는데 천사가 꿈에 나타나, 파셴카에게 가서 네가 할 일과 너의 죄와 구원을 알아보라고 말했다. 잠을 깬 그는 그것이 신의 메시지라 생각해 서둘러 걸음을 옮겼다. 비참하고 끔찍한 삶을 살았다는 파셴카는, 늙고 수척하고 주름진 모습으로 사위와 다섯 손자를 부양하며 힘겹게 살고 있었다. 그는 그녀의 치열한 삶의 현장을 보며 이렇게 깨달았다. 자신은 신을 위해 산다는 핑계로 사람을 위해 살았는데, 이 여인은 사람을 산다고 생각하면서 신을 위해 살고 있다. 아무런 보상도 기대하지 않고 베푸는 물 한 잔처럼 진실로 선한 행동은 내가 베푼다고 생각한 은혜보다 훨씬 더 값지다. 자신처럼 사람의 칭송을 받으려는 사람에게는 신이 없다. 세르기우스 신부에서 카사츠키로 돌아온 그는 이제, 아무것도 아닌 존재가 되어 신을 찾으려고 8달 동안 길을 걸었다. 통행증이 없어서 체포된 그는 떠돌이로 분류되어 시베리아로 쫓겨났다. 그는 거기서 부유한 농부에게 고용되어 부엌과 정원 일을 하다가 아이들을 가르치고 병자들을 돌보며 여생을 마감했다.

8.
평생 '참 나'로 믿었던, 그리하여 힘써 추구했던 성직자의 길이
'참 나'의 삶이 아니라는 진실,
그것도 늘그막에 이르러 참으로 뼈아프게 깨닫는다는
톨스토이의 이야기는,
'참 나'를 찾고자 하는 사람들을 곤혹스럽게 한다.

게다가 세상 속에서 살아나가는 사람들이 떠맡아 실행하는
'사회적 자아'가
'참 나'가 아닐 공산이 매우 크다는 생각은,
'좋은 삶'을 추구하는 데 큰 걸림돌이다.
'그럼에도' 중대한 일은 반드시 생기는 법이라는 니체의 말처럼,
어렵고 힘들지만 '참 나'에 따라는 사는 길이 반드시 열려 있다고
생각하는데,
다음과 같은 명제들에 의해서가 아닐까 싶다.

첫째, '사회적 자아'는 인간 존재를 기만하는 형식이라는 점을
인식한다.
기만은 기만으로 보는 것이 참다운 인식 행위다.
'교수'이지만, 그것도 한정된 시간 안에서 '교수'로 살고 있지만,
실상은 '교수'가 아니라 고독하고 미련하고 불안정한 한 명의 인간
이다.
둘째, 인간은 불완전한 존재라는 점을 받아들인다.
인간 또한 기만을 자신의 어둠으로 가지고 있다.
내가 '교수'라는 사실은 사회적으로는 진실하지만,
개인적으로는 그렇지 않다.
나는 나의 학생들에 의해 '교수'로 불리기에 결점과 한계가 많다.
셋째, '사회적 자아'를 '참 나'를 구성하는 조각으로 삼는다.
특정한 '사회적 자아'와 자신을 동일시하는 것을 경계한다.

나는 '교수'의 삶에 만족하지만, 그것이 전부는 아니다.
나는 세상을 떠난 부모에게 못난 자식이며 마음 좁은 선배다.
마지막으로, '참 나'는 '좋은 삶'을 살도록 이끄는 북극성이다.
'참 나'는 지상에 없으며, 별들이 때에 따라 자리를 바꾸듯
상황에 따라 변한다.
나는 내면에 머뭇거리는 다른 욕망들에 신실한 삶을
곧 살아볼 것이다.

그러므로 '참 나'의 삶을 사는 방도는 다음을 수행하는 것이라고
할 수 있다.
첫째, 때때로 반성을 통해 확인한다.
이것이 과연 내가 진정 원하는 삶인지,
내면의 목소리, 영혼 깊은 곳에서 떨리는 느낌에 주목한다.
둘째, 그에 따라 어떤 불이익도 기꺼이 감수한 채
내가 선택한 길을 간다.
목전의 안위가 초래하는 불안을 끌어안은 채
어두운 대지로 발을 내딛는다.
마지막으로, 자신이 걸어가는 길에 대한 확신을 경계한다.
나 자신의 한계, 곧 나의 언행이 오류일 가능성을 겸허히 수용한다.

'참 나'의 삶을 사는 일은, 거푸 말하건대 어렵고 힘들다.
무엇보다도 자신에게 정직하고 신실하게 말하고 행동하는 것이

그러한데

휘트먼은 자신의 시 「나 자신의 노래, 51」에서

내면에 자리 잡은 자신의 '복수적 자아'의 정체성을 이렇게

고백한다.

내가 자 자신과 모순되는가?

그래 그렇다면 나는 나 자신에게 모순이다.

(나는 크다, 나는 다수를 품는다.)

9

친구와 함께하라

▷ 한남동, 서울, 2010년.

'참 나'를 해명하기 위해 앞서 언급한 사르트르나 정신분석은,

개인에게 지나치게 주목하는 한계가 있다.

인간은 사회적 동물이라는 말이 뜻하듯 인간은 홀로 살 수 없다.

우리 모두 타인과 맺는 일정한 관계 망으로 산다.

따라서 인간관계를 잘 형성하지 않고서는 '좋은 삶'을 살 수 없다.

'좋은 삶'을 떠받치는 인간관계는 어떤 것인가?

그것은 두말할 나위 없이 우정 혹은 동료애다.

마커스 아우렐리우스는 이렇게 말했다.

"유대감은 우리 피조물의 배후에 있는 목적이다."

우정을 나눌 수 있는 친구[18]는 '좋은 삶'의 핵심이다.

어떤 이는 심지어

친구가 애인보다 낫다고 주장한다.

우정은 사랑과 달리 소유욕을 (거의) 발동시키지 않기 때문이다.

에밀리 디킨슨은 데이비스[T. Davies]의 영화 〈조용한 열정〉에서 이렇게
말한다.

"나는 우정을 매우 중시해. 친구를 죽음으로 잃을 때 그게 가장 큰
상실이야."

따라서 친구를 챙기고 우정을 잘 유지하는 것만큼 중요한 일은
없다.

미국 심리학자이자 철학자 제임스[W. James]는 이렇게 말했다.

18) 친구에 대한 상세한 내 생각은 다음을 참조하라. 이종건, 『영혼의 말』, 궁리,
2018, 75쪽.

"인간은 이렇게 짧은 수명으로 태어났는데, 그중에서 최상의 것은 우정과 친밀성인데, 이내 (사회적) 지위들로 인해 그것을 더 이상 알지 못하게 될 것이면서도 그것을 함양하지 않은 채 내버려둬, 세상이 그렇듯, 관성의 힘으로 유지되리라 기대하며 도로변에 둔 채 늙어간다."

내 친구들은 내 정체성(자아)을 보여주는 분명한 지표다.
"네 친구들이 누군지 말해주면 네가 누구인지 말해줄게."라는,
아르메니아의 유명한 속담은 정곡을 찌른다.
친구는 쌍방향이다. 한쪽만 지닌 우정이란 없다.
모든 관계가 그렇듯 친구의 필요조건은 '나'다.
따라서 동서고금 모두 좋은 삶을 위해 어울릴 사람을 잘 가리라고 권고한다.
조선 건국 시기 불려진, 지금까지 회자되는 (변형된) 시구가 대표적이다.
"까마귀 노는 곳에 백로야 가지 마라."
에픽테투스는 이렇게 경고한다.
"깨끗하지 않은 사람과 시간을 보내면 우리 또한 깨끗하지 않게 될 것이다."

한국에서는 친구가 동갑끼리 이뤄진다.
매우 이상한 현상인데,

모든 사람은 나이, 교육, 직업, 인종 등과 무관하게
우정을 나눌 수 있다.
부모, 자식, 형제도 마찬가지고,
심지어 선생과 제자 사이도 그렇다.

모든 사랑이 그렇듯 우정은 자기애 없이 불가능하다.
혹은 가능하다손치더라도 결코 건강한 것이라고 할 수 없다.
러셀은 이렇게 말했다.
"자신과의 우정이 가장 중요한데,
그것 없이는 세상의 누구와도 친구가 될 수 없기 때문이다."
그리고 친구가 꼭 타인이어야 하는 것도 아니다.
다소 이상하게 들리지만,
자신을 친구로 삼을 수도 있고,
인간이 아닌 것도 친구가 될 수 있다.
오버스트 C. Oberst 는 이렇게 말했다.
"모든 것이 외로울 때는 내가 나의 가장 좋은 친구가 될 수 있다."
공자는 이렇게 말했다. "침묵이야말로 결코 배신하지 않는 진정한
친구다."
뉴턴은 이렇게 말했다. "나의 가장 위대한 친구는 진리다."

대도시에서 살아가는 대부분의 현대인의 삶은,
가족이나 친구처럼 정을 주고 나눌 수 있는 사람보다

손익을 따지는 관계의 사람이 훨씬 많다.

선하게 행동해도,

오히려 선하게 행동한 까닭에 사기, 속임수, 배신 등을

당하기도 하고,

까닭 없는 폭력의 상황에 휘말리기도 하고,

엉뚱한 오해를 받거나 공연한 질투의 대상이 되기도 한다.

구밀복검口蜜腹劍, 곧 달콤한 말 속에 칼을 품고 있다는 말처럼

혹은 그와 반대로

눌언민행訥言敏行, 곧 과묵하지만 선행에 민첩하다는 말처럼

열 길 물속은 알아도 한 길 사람 속은 알 수 없다.

그런데 그렇다고 해서,

가깝지 않은 사람들을 경계하거나 피하거나 외면하는 것은,

특히 일터의 사람들을 그리하는 것은,

윤리적으로 옳지 않으며,

자신의 삶의 영역을 좁히는 둔하고 어리석은 일이다.

어떤 경우든 우리가 '좋은 삶'을 영위하기 위해서는,

주어진 상황에서 우리가 할 수 있는 만큼의 선한 언행으로

살아야 한다.

그로써 돌아올 보상과 무관하게,

선행은 그 자체로 우리를 기쁘게 해주기 때문이다.

그 자체가 목적인 행위는 이미 선하다.

톨스토이는 자신의 명저 『안나 카레리나』를 다음의 문장으로
시작한다.

"행복한 가정은 모두 엇비슷하지만, 불행한 가정은 각자의 방식으로 불행하다."[19]

그리고 말미에 스쳐지나가는 듯한 장면에 다음의 문장을 발견한다.

"믿는 자는 불행할 수 없다. 혼자가 아니기 때문이다."

『안나 카레리나』에 등장하는 인물들은 과연 모두 불행한데,
자신의 에고에 갇혀 신뿐 아니라
다른 사람들(남편, 아내 등)에게도 신실하지 않기 때문이다.
자신의 낭만적 사랑을 위해 가족을 버린 주인공 안나는
죽기 직전에 이렇게 읊조린다.

"주여, 내 모든 것을 용서하소서!"

19) 과학자들이 '안나 카레리나 원리'라는 용어로 활용하기도 하는 유명한 이 문장은, 여러 조건으로 구성된 한 묶음이 있는데, 그중 어느 하나만 문제가 생겨도 불행(실패)하게 된다는 의미로 널리 인용된다. 행복하려면 모든 조건을 만족시켜야 한다는 것, 그러니까 하나의 조건만 틀어져도 불행하게 된다는 것이다. 행복한 가정이 불행한 가정보다 훨씬 이루기 어렵다는 뜻인데, 과연 『안나 카레리나』에 등장하는 인물은 모두 불행하다.
첫 문장도 그렇지만, 가족 소설이라는 장르가 이미 구식이 되고 가족의 가치가 널리 공격의 대상이 된 시기에 출판되었다는 점에서도 『안나 카레리나』의 주제를 흔히 '가족'으로 여긴다. 그런데 그것이 집필된 시기는 작가가 우울감에 빠져 죽음의 강박에 시달리던 때라는 것, 그리고 그것이 집필을 끝내자마자 엄청난 실존적 절망 상태에 빠졌다가 기독교로 개종했다는 사실은 주제가 '가족'에 한정된 것이 아니라는 점을 시사한다. 게다가 첫 문장 위에 게재한 "복수는 나의 것이니 내가 갚으리라."는 성경 구절은 '신'과 인간의 문제 또한 중요한 주제임을 시사한다.

'용서해 달라'와 '용서할 수 없다'는 표현은 소설 곳곳에 나온다.
기독교 교인들이 예배 때마다 합창하는 주기도문에도
다음의 문장이 나온다.
"우리가 우리에게 죄 지은 자를 사하여 준 것 같이 우리 죄를 사하
여 주옵시고."

우리 모두 너나 할 것 없이 자기중심적이다.
아마도 '테레사 수녀Mother Teresa' 쯤이면 그렇지 않을 수 있겠지만,
성직자든 장사꾼이든, 자기를 중심에 두지 않는 사람은 (거의)
없다.
이타심도, 그것이 자신에게 좋아서 갖는 마음,
곧 다른 형태의 이기심이다.
적선, 선행, 희생의 출발점과 종착점은 (거의) 자기 자신이다.
한마디로 우리 자신은 어떤 경우든 옳고 선하며 정당하다.
우리 자신이 세상의 주인공이다.
자신이 그렇다면 상대방 또한 그렇다고 생각하는 것이 합리적인데,
우리 모두 어리석어서 그 점을 놓친다.
논쟁과 싸움과 전쟁이 터지는 것은 바로 그래서다.

아무도 없는 사막이나 들판에서 혼자 사는 삶이 아닌 한,
우리는 무리와 함께 살 수밖에 없고,
무리가 특정한 모임, 가정, 사회나 국가 등 어떤 단체를 구성하든

그 무리의 안녕과 행복과 불행으로부터 자유로울 수 없다.

그러므로 우리는 우리가 할 수 있는 만큼

무리의 자유, 정의, 평등, 아름다움 등을 위해 애써야 한다.

우리가 무리에 속한 구성원인 까닭에

그러한 이념을 위해 일정한 에너지를 바치거나 싸우지는 못해도,

적어도 스토이시즘이 실천한 다음의 덕德은 실천하는 것이,

우리 자신뿐 아니라 만사에 유익하다.

타인을 품위와 공정으로 대하라.

앞서의 유명한 『안나 카레리나』의 첫 문장은

성경에서 발췌한 다음의 경구를 도입부로 인용하고 있다.

"복수는 나의 것이니 내가 갚으리라."

성경(로마서 12장 19절)의 일부인데, 이 구절은 다음 문장으로

끝난다.

"악에게 지지 말고 선으로 악을 이기라."

톨스토이는 『안나 카레리나』의 말미에 레빈의 입을 통해

그 의미를 시사한다.

인간은 서로에 대해 판관으로 행세해서는 안 된다.

영혼의 영역은 인간의 이성을 초월하는 까닭에

궁극적 정의는 신에게 맡기고,

인간은 다만 자신이 할 수 있는 것들을 기도하며 행한다.

설령 신의 의도나 이유를 이해할 수 없더라도 그리한다.

인간은 오직, 신과 인간에 대한 믿음으로써만 행복해질 수 있기 때문이다.

10

배우기를 멈추지 마라

▷ 교동, 전주, 2006년.

우리나라 나이로 여든 살을 코앞에 둔 땅거미를,
진정으로 무언가 추구하는 사람에게는 가장 젊은,
무언가 시작하기에 딱 좋은,
그래서 가장 고마워해야 할 때라고 말한 모지스 할머니.
참으로 경이로운 삶의 태도다.

우리나라 나이로 백 살에 사회학 전공의 준학사를 받은
대니얼스 Doreetha Daniels 할머니도 놀라운데, 이렇게 말했다.
"아흔 아홉입니다. 나는 내가 원했던 것을 이뤘으며, 나의 꿈을 실현
했습니다."
그는 그리고 4년을 살고 죽었다.
얼마나 만족한 삶이며 죽음이었을까.
평생 원하던 것을 마침내 이룬 영혼은 얼마나 자유로웠을까.
그의 마음은 필시 구름 같았으리라.
바람 같았으리라.

나는 삶의 목적은
배움을 통해 성장하는 것이라고 생각한다.
내가 닿을 수 있는 높이까지 성장해,
내 시야가 온전히 열리는 것,
그리하여 마침내 나로서 온전히 우뚝 서는 것.
우리 모두 태어나고 사는 것이 다르듯

누구나 자신만의 산이 있다.

거기에 이르는 길과 풍경이 다르고,

여기저기 깃든 뭇 생명의 꿈틀거림이 다르지만,

어떤 산이든 봉우리는 단 하나이며 모두 하늘과 만난다.

그러므로 나는,

내가 성장할 수 있는 만큼 한껏 성장해,

나의 대지와 하늘이 맞닿는 곳에서,

내 눈으로 볼 수 있는 한계까지 멀리 보고 싶다.

사물과 세계의 신비에,

신과 우주의 비밀에,

죽음과 죽음 이후의 존재에

갈 수 있는 한 가까이 다가가고 싶다.

가장 깊고 가장 높고 가장 먼 곳에 이르고 싶다.

인간, 인생, 세상의 한계를 만져보고 싶다.

타다 만 장작처럼,

먹다 만 밥을, 입다 만 옷을, 쓰다 만 글을 남긴 채

충분히 사랑하고 사랑받지 못한 채 떠나야 하는 것은,

가슴 아프다.

머뭇거리다 끝내 뱉지 못한 말이 지울 수 없는 한恨을 남기듯,

그토록 하고 싶은 것을 이런저런 이유로 포기하는 것은,

영혼을 잡아당기는 돌덩이로,

뭘 해도 답답하고 허하게 만든다.
정신이 무겁고 가슴이 굳는다.

모든 존재는 자신의 길을 다 간 후에 소멸해야 아름답다.
자신의 꽃을 피운 후에 낙화해야 온전하다.
자신의 할일을 다 한 후에 스러져야 한이 없다.
세상에서 가장 큰 나무로 알려진 세쿼이아 나무는 100미터 넘어
성장하고,
세상에서 가장 작은 나무로 알려진 돌매화나무는 다 자라도 겨우
2센티미터다.
내 영혼의 키는 얼마일까.

배우는 기쁨이 서린 삶은 복된 삶이다.
최근의 여러 연구 결과에 따르면 배움은
전문적 영역이든 일반적인 수준이든 기술을 향상시키고,
경제적으로 수지맞는 일이다.
자신의 일에 더 충실하게 함으로써
다른 사람들과 비교하는 버릇이 줄어든다.
마음을 열려 있게 만들고 호기심을 불러일으켜
존경과 애정을 더 받고 행복감이 크다.
작은 과제라도 무언가를 끝내는 경험은,
자긍심을 북돋우고 살아 있는 경험을 강화한다.

삶의 가장 확실한 보상이다.

그리고 건강, 특히 알츠하이머 예방에 매우 좋다.

수명과도 연관성 있는 것으로 나타난다.

간디는 이렇게 말했다.

"내일 죽는 것처럼 살아라. 영원히 살 것처럼 배워라."

배움이 좋은 삶의 큰 부분을 차지하는 것은,

그로써 내 지식을 늘리기보다

내 영혼의 빛을 밝히기 때문이다.

그로써 어둠에 가려져 못 보던 나와 사물의 내면을 보기 때문이다.

"교육은 물통을 채우는 것이 아니라 불을 켜는 것이다."

예이츠^{William B. Yeats}가 한 말인데,

무언가를 새롭게 안 사람은, 그리고 무언가를 알고자 하는 사람은

눈이 반짝인다.

현자들은 비록 형색이나 몰골은 초라해도 눈빛이 형형하다.

세상이 갈수록 나쁘다고들 해도,

지구 생태계가 갈수록 위기에 직면한다고들 해도,

우리는 갈수록 더 오래 산다.

기대 수명은 늘어날 뿐 줄어드는 법이 없다.

의사와 생명과학자 수백 명이 근무하는, 구글의 자회사 '칼리코'는

'인간 500세 프로젝트'를 시작했다.

빅 데이터를 활용하는 기술력과 막대한 자본을 활용해

인간의 질병을 완전히 정복할 수 있다고 생각하기 때문인데,

벌거숭이두더지쥐는 나이가 들어도 사망 위험률이 높아지지 않는다

는 연구 결과를 2018년 정월 『이라이프eLife』 최신호에 게재했다.

'칼리코'는 '늙지 않는 동물'을 통해 '늙지 않는 비결'을 찾아

수명을 거의 무한정 늘리겠다는 것이다.

자율 주행차, 날아가는 택시, 블록체인 등의 신기술을 쏟아내는

실리콘밸리도,

생명 연장을 위한 장수 연구에 뛰어들었다.

실리콘밸리가 주도하는 방향은 질병의 조기 발견과 맞춤 치료다.

그로써 '호모 헌드레드(백세 인간)'[20] 시대를 열겠다는 것이다.

『노화의 종말』의 저자 하버드대학교 의대 유전학 교수

데이비드 싱클레어는,

노화를 질병으로 간주하는데,

질병은 정복할 수 있다는 것이며,

따라서 조만간 우리는 150세까지 살게 된다는 것이다.

그가 전하는 메시지는 세 가지다.

열량 섭취를 줄여라.

20) '호모 헌드레드(Homo-hundred)'란 과학 기술의 발전으로 평균 수명이
100세를 넘는 시대의 신인류를 뜻하는 말인데, 세계지식포럼은 작년에 그것을
위한 기반 지식을 다뤘다.

사소한 일에 신경 쓰지 마라.

양치질하듯 운동하라.

코로나 바이러스가 장악한 2020년 현재,

65세 이상 성인은 1100만 명 늘어났고 100세 이상 초耄고령자도

2만 명을 넘겼다.

『건강수명 100세』의 저자 김혜성은 네 가지를 권한다.

잘 먹기, 잘 배설하기, 운동하기, 그리고 늘 공부하는 태도.

건강이 소중하다고 생각하거든 입에 좋은 것보다 몸에 좋은 것을

먹어야 한다.

좋은 배설을 위해서는 달달한 가공식품과 육류를 줄이고

식이섬유 음식을 늘려야 한다.

운동, 특히 걷기는 최고의 명약이다.

건강한 삶을 위해서는 두뇌 활동이 중요하다.

외국어와 악기를 배우는 것은 매우 좋다.

이브 헤롤드의『아무도 죽지 않는 세상』은 한참 더 나간 주장인데,

분명한 사실은 인간의 수명이 자꾸 늘어난다는 것,

따라서 '배울 나이'라는 개념이 없어졌다는 것이다.

무언가를, 그것도 나이가 들어서, 배우는 일은,

지치고 늘어진 우리의 삶에 활기를 불어넣을 뿐 아니라

오래 혹은 깊이 잠든 우리의 영혼을 깨우고 약동시켜

세상 무엇으로도 대체할 수 없는 내적인 기쁨을 안긴다.

배우는, 곧 지식을 쌓는 것이 아니라 앎의 한계를 키우는 정신은,

열려 있는 까닭에

자신의 앎의 한계 바깥으로 감히 나가는 일인 까닭에,

사물과 세계의 진부한 껍질을 깨고

그동안 볼 수 없었던 새로운 양상을 볼 수 있게 하며,

자신이 잠근 문과 내려트린 커튼을 치워

불통의 곤란을 좀 더 줄이고,

자신이 만든 감옥의 문을 열어 좀 더 자유롭게 한다.

그로써 자신의 생각의 용량을 키우고 시야를 넓혀

더 크게 보고 더 많이 생각하게 함으로써

나와 다르게 생각하고 다르게 말하고 다르게 행동하는 사람들을

좀 더 이해하고 좀 더 관용하게 한다.

한마디로 마음을 더 평온한 가운데 기쁨을 느끼게 하고

빈약한 삶을 좀 더 풍성하게 만든다.

나는 배우기를 권면할 때 다음의 말을 즐겨 쓴다.

나이가 든다는 것은 그저 낡아간다는 것이다.

아름다움도, 힘도, 건강도, 나빠진다는 것이다.

그런데 무언가를 배우기 시작하면,

그래서 매일매일 익히고 연습하면,

언젠가 지금까지 결코 할 수 없던 무엇을 할 수 있게 되듯

나이가 들수록 나빠지는 것과 정확히 반대로,

뭔가 더 나아지는 것이 생긴다.

뭔가 더 잘하게 된다.

뭔가 더 좋아진다.

세월이 흐를수록 빛나는 무엇을 할 수 있는 능력을 갖춘다는 것,

그것은 나날이 잃어가는 시간이 가져다주는 확실하고 큰

삶의 보상이다.

그러니 이런저런 핑계는 내려놓고,

당장 무언가 배우기 시작하라.

11

동심을 회복하라

▷ 광주도심철도패선부지, 광주, 2002년.

사물이든 사람이든, 우리는 겉을 본다.

속은 그저 짐작할 따름이다.

사람들, 그것도 나와 멀면 먼 사람들일수록 내 겉에 치중한다.

솔직하게 말하자면, 내 겉'만' 본다고 하는 편이 옳다.

속을 보지 않으면 가까운 사람도 먼 사람이다.

속마음은 심지어 사랑하는 사람도 알기 어렵다.

미뤄 짐작은 할 수 있어도 정확히 아는 건 거의 불가능하다.

정확히 우리는 속마음을 내어놓는 정도만큼,

바로 그만큼 가깝거나 멀다.

그런데 나는 다른 사람들뿐 아니라 나 자신과도 그렇다.

'겉의 나'와 '속의 나'는 결코 일치하지 않는다.

어떤 경우에도 통일되지 않고, 때로는 약간, 때로는 크게

어긋난 채 산다.

세상에 길들여진 탓인데,

세상 흐름에 따라 살다보니 나 또한 그렇게 변해버렸다.

그런데 가만가만 홀로 머무는 이런 시간이면,

내 안에 분명히 있는 어떤 존재를 기억한다.

오랜 시간 벙어리로 구금된,

심지어 마치 그림자처럼 납작하고 어둡게 변한 형상,
오래 밟은 대지처럼 침묵 속에 낡아버린 몸,
그렇게 있는 둥 없는 둥 아릿한 안개처럼 형체 없이 전신으로 퍼져,
깊고 깊은 구석으로 밀려난 그런 영혼들을 직감한다.

큰집에 살아도 판잣집에 살아도,
아버지의 직업이 무엇이든, 엄마의 종교가 무엇이든
모이면 어울려 동무가 되었던,
친구만으로 온 세상을 가졌던,
함께 놀 때면 모든 것을 잊었던,
모든 것이 궁금했던,
학교운동장이 그리도 넓었던 한 아이가 내 속에 있다.
어두운 밤에는 하늘 총총한 별을 보며 신비에 잠겼고,
어두운 밤중에는 귀신 얼씬거리는 오싹함에 떨었고,
구름과 나무에서 어떤 사람과 어떤 형상을 떠올리고,
달을 보며 불 짚 깡통 돌리며 가만가만 소원을 빌고,
산과 나무와 집과 새를 보며 그림을 그리고,
꽃과 풀을 만지며 간지러움을 느꼈던,
동요로 외로움을 달랬던,
동요를 부르면 언제나 마음이 맑았던 한 아이가 있다.
그러다가 어느 날 어느 순간 호젓하고 고용한 산길 걸을 때
나도 모르게 입에 동요를 담는다.

까마득히 오래된 가사를 띄엄띄엄 기억하면,
결코 잊지 않은 선율을 흥얼거린다.
그 아이가 여러 성상 거기 있었다는 사실이 놀랍고 신기하다.

내 속에는
늘 머뭇대던 가난하고 추운, 그러나 무엇도 불안하지 않던
청년도 있고,
마침내 '피'교육생의 신세를 벗고 세상에 막 나온, 첫사랑처럼 떨던
불혹도 있고,
삶의 무게를 처음 느꼈던 지천명도 있고,
처음으로 두 번째 인생 궤도에 접어들었던 환갑도 있고,
나이들 때마다 달리 꿈틀대던 내 영혼들이 있다.

그런데도
세상 사람들은 그저 내 몸 표면만 본다.
듬성듬성한 흰 머리칼과 주름들과 얼룩반점들을 보며,
나의 '지금 여기' 모습만 인식한다.
문득 나도 그렇게 본다는 사실을 깨닫고 가늘게 떤다.
나는 온 생애를 '살아서' 지나왔건만,
'지금 여기'라는 단 하나의 점으로만 '세계 혹은 사회'에
존재한다는 사실은
슬프다. 그리고 서럽다.

세계는 왜 이렇게 모든 존재를 납작한 것으로 관계시킬까.
우리는 왜 또 세계의 규칙을 잘 따르는 착한 사람으로
살게 된 걸까.
세상이 규정하는 나이에, 직업에, 젠더에 일치하는 언행을 하느라
우리 모두 그리 가난한 존재가 되었구나.
나 또한 너의 '지금 여기'의 얼굴로만 대해 왔구나.
나 또한 나 자신의 '지금 여기'에 머문 채
여기까지 온 모든 '나'를 잊었구나.

잘 살고 싶은가? 행복하게 싶은가? 좋은 삶을 원하는가?
그렇다면 우리는 세상 그 무엇보다 우선
아이의 영혼을 찾고 회복해야 하리라.
돈과 명예와 세상 권세와 모든 물질을 깡그리 잊은 체
종이때기만으로도 마음이 부요했던,
그저 동무와 놀이에,
하늘 구름과 나무와 대지에 몸을 맡겼던,
그러고도 넉넉했던 영혼을 회복해야 하리라.
가난도 추위도 함께 있는 것으로 거뜬했던
그 마음을 찾아야 하리라.
그리하여
세속으로 찌든 묵은 때 가끔 벗겨내며,
벌거숭이 가벼운 몸뚱이로 동요를 불러야 하리라.

전쟁, 배신, 추위와 더위, 체면을 모르는 아이의 순수한 영혼은,
얼마나 가볍던가.
얼마나 자유롭던가.

그러므로 성경은 이렇게 쓰고 있다.
예수께서 한 어린 아이를 불러 그들 가운데 세우시고 이르시되 진실
로 너희에게 이르노니, 너희가 돌이켜 어린 아이들과 같이 되지 아니
하면 결단코 천국에 들어가지 못하리라. 그러므로 누구든지 이 어린
아이와 같이 자기를 낮추는 사람이 천국에서 큰 자니라. 또 누구든
지 내 이름으로 이런 어린 아이 하나를 영접하면 곧 나를 영접함이
니라.

예수의 말씀, 그리고
"아름다움이 세상을 구원하리라."고 쓴 도스토예프스키의 생각을
쫓아 나도 감히 이렇게 써도 될까?

동심이 우리를 구원하리라.

12

좋은 습관이 곧 좋은 삶이다

▷ 수리산, 군포시, 2006년.

삶이 탄생과 죽음을 잇는 길이라면,

'좋은 삶'이란

그 길을 걷는 모든 발걸음이 가치이자 의미로 채워지는 길이다.

울퉁불퉁한 돌길이든 평평한 흙길이든,

오르막이든 내리막이든,

바람이 불든 비가 오든,

싱그러운 꽃망울 내미는 봄날 아침이든,

낙엽 떨어지는 늦가을 황혼이든,

아픔이든 즐거움이든, 슬픔이든 기쁨이든,

길 위의 모든 것이 오직 단 한번 사는 내 삶이어서 소중한,

어떤 것 하나 버릴 수 없는 생명의 율동이며 몸짓이 되는 춤사위다.

'좋은 삶'의 기술을 찾기 위해

이런저런 지혜들에 기댄 생각이 펼치는 길에 따라 종착점에

이르렀다.

아름다운 길은,

목적지에 이르기 위한 걷기와 달리 움직임 자체가 목적인 춤처럼

도착지에 이르는 가장 짧고 쉬운 직선의 방편이 아니라

그것이 펼치는 아름다운 풍경과 옮기는 발걸음 자체가

기쁨인 산책을 초대한다.

이 글 또한 그것처럼

이어지는 마디마다 '좋은 삶'을 위한 생각의 열매가 한 둘쯤은 열릴

수 있기를!

이 마지막 글이,

한 아름 담은 열매들을 담을 마음의 바구니가 될 수 있기를!

1.

우리는 이런저런 방식으로 좋은 삶의 아이디어나 지혜를 얻는다.

책에서 보거나 강의로 듣거나,

스님이나 목사님이나 시인이나 예술가에게서

벼락처럼 앎의 죽비를 맞는다.

친구에게서, 선배에게서, 선생에게서, 때로는 아이에게서

뜬금없는 생각이 일어난다.

그때 우리는 문득 감동하고, 멈칫 멈추어, 일순一瞬 생각한다.

그리고 결심한다.

'그래 그렇게 해야지, 그렇게 살아야지!'

문제는 꾸준한 실행이다.

제비 한 마리 왔다고 봄이 오는 것은 아니다.

구슬이 서 말이어도 꿰어야 보배이듯

일상사에 편입시키지 못하는 것은 다 헛일이다.

일장춘몽이 그렇듯 좋은 것일수록 더 허허롭다.

우리는 그렇게 살아가는 삶의 여정 여기저기서

지혜의 조각들을 얻지만,

해마다 맞는 새해의 첫날 결심 오래 못 가듯
모조리 공염불에 그친다.
해서 늘 미련한 삶을 반복한다.
삶의 지혜는 어디나 있고, 언제든 찾을 수 있지만,
핵심은 실천이기 때문이다.
좋은 생각들을 일상 속에 깊이 뿌리내리는 실천.

우리는 누구인가?
우리는 곧 우리가 반복적으로 행하는 무엇이다.
"탁월성이란 행동이 아니라 습관이다."
아리스토텔레스의 말인데, 우리가 무엇보다 당장 실행해야 할
근본지혜다.
우리가 좋은 사람이 되는 것은 좋은 일을 함에 의해서다.
좋은 일을 반복적으로 하는 행위는 우리를 좋은 사람으로
만든다는 것이다.
용감한 사람이 되고 싶으면 용감하게 행동하면 된다.
선한 사람이 되고 싶으면 선한 일을 하면 된다.
좋은 삶을 살고 싶으면 좋게 살면 된다.

우리 모두
용감하게 행동하는 법도 알고,
선한 일을 하는 법도 알며,

좋게 사는 법도 안다.

문제는 그것을 '내 것'으로 만들지 못한다는 것이다.

릴케가 자신의 시 「고대 아폴로의 토르소」에서 썼듯

"너는 네 삶을 바꾸지 않으면 안 된다."

삶을 바꾸는 것은 습관을 바꾸는 것이다.

습관을 바꾸면 삶이 바뀐다.

'좋은 삶이란 곧 좋은 습관이다.'

2.

그런데 습관 만들기가 여간 어렵지 않다.

우리에게는 최고의 구원 투수가 필요한데,

그것은 '인 것처럼 행동하기'라는 '처럼^{as if}의 기술'이다.

윌리엄 제임스는 이렇게 말했다.

"특성을 원하면, 네가 그것을 가진 것처럼 행동하라."

셰익스피어도 같은 말을 했다.

"만일 네게 어떤 자질이 없거든, 그것을 가장^{假裝}하라."

내가 마치 그러한 인물인 것처럼 연극하는 기술인데,

이 기술은 현실 세계에서, 많은 사람이 증언하듯

참으로 강력한 힘을 발휘한다.

유명한 종교 지도자 웨슬리^{J. Wesley}가 그중 한 사람이다. 웨슬리는 여객선을 타고 대서양을 건너 미국으로 가는 도중에 엄청난 폭우를 만났다. 배가 심하게 요동치는 바람에 잔뜩 겁에 질린 그는, 그런 상황에서도 몇 사람이 평온히 있는 것을 보고 큰 인상을 받아 그들에게 다가가 어떻게 그럴 수 있는지 물었는데, 그들은 그저 신에 대한 차분한 믿음이라고 했다. 자신은 그런 믿음이 없다고 슬프게 고백하자, 그중 한 사람이 이렇게 말했다. "간단한 비밀입니다. 당신이 그런 믿음을 가진 것처럼 행하십시오. 그리하면 때가 되면 그런 특성의 믿음이 당신을 사로잡을 겁니다." 웨슬리는 그 충고를 따랐고, 가장 어려운 상황들을 극복할 수 있는 그러한 강력한 믿음을 결국 발달시켰다.[21]

미국 정신과 의사이자 베스트셀러 작가인 스콧 펙M. Scott Peck도 그 기술로써 자신의 문제를 해결했는데, 그는 자신의 책에서 그 과정을 다음과 같이 기록하고 있다. "잠시 후 나는 결국 나 자신에게 묻게 되었다. '너의 부끄러움을 이렇게 다루는 방식, 곧 네가 질문하지 못하고 어정쩡하게 있는 것이 너의 실존을 향상시키는가?', 아니면 제한하는가? 그것을 묻자마자 그것은 나의 실존을 제한한다는 것이 분명했다. 그리고 나 자신에게 말했다. '그래 스콧, 만약 네가 부끄럽지 않다면 어떻게 행동할 것 같아? 네가 영국 여왕이거나 미국 대통령이라면 어떻게 행동할 것 같아?' 답변은 명백히, 강연자에게 접근해서 내가 할 말을 하는 것이다. 그리고 자신에게 말했다. '그래, 그러면 가서 그렇게 행동해. 그리기 위해 그런 척해. 네가 부끄럽

---

21) Norman Vincent Peale. *Enthusiasm Makes the Difference*. Simon & Schuster, 2003, pp20~21.

지 않은 척 행동해.'"[22]

"마치 믿는 것처럼 행함으로써"라는 파스칼의 구절은, '처럼as if 의 기술'의 전범이다. 자신의 명저 『팡세』에서 파스칼은, 내기(도박) 주장의 중심 부분을 끝낸 후 그것에 설득된 사람들이 지닌 문제, 곧 믿고 싶지만 어떤 이유에서인지 믿을 수 없는 문제를 거론한다. 그의 말에 따르자면 그 사람들은 '믿음을 얻고 싶지만 방법을 모른다.' 그리하여 그는 그 사람들에게 다음의 조언을 준다. "너처럼 구금된, 이제는 자신의 모든 소유물을 내기로 거는 사람들에게서 배워라. 이 사람들은 네가 따를 길을 알고, 네가 치유될 병이 치유된 사람들이다 그들이 시작한 방법을 따르라. (중략) 마치 믿는 것처럼 행함으로써."[23]

모든 연극 행위는,
자신이 마치 자신이 아니라 다른 사람인 것처럼 말하고
행동하는 것이어서,
근본적으로 자기기만 행위다.
따라서 '좋은 삶'을 사는 데 핵심인,
'자신에게 신실한 방식으로 살아가기'에 모순된다.

22) M. Scott Peck. *Further Along the Road Less Travelled: Wisdom for the Journey Towards Spiritual Growth*. Pocket Books, 2010, p.9.
23) Stephen T. Davis. "Pascal on self-caused belief." In *Religious Studies*, Vol. 27, 1991, pp.27~28.

그런데 파스칼의 연극 기술은,

그럴 마음이 없는 사람이 아니라

온 마음으로 그리고 싶지만,

어떤 이유에서인지 그것을 할 수 없는 사람에게 권면하는 기술이다.

자신의 욕망이 아니라 자신의 '에고(사회적 자아)'(가 치는 장벽)를

돌아가는,

자신이 진실로 원하는 것을 위해 애쓰는 수고의 다른 형식이다.

정확히 말해

'참 나'가 아니라 나의 '에고'를 기만하는 행위다.

스타니슬라브스키[K. Stanislavski]가 주창한

배우가 자신이 진실로 극중 인물인 것처럼 하는

'메소드 연기[Method acting]',

곧 연기를 통해 '다른 존재되기' 방식의 연극 행위는,

때때로 그 과정에서 배우의 정체성이 실제로 재창조되기도 한다.

마치 무대의 연기처럼 실제로 타자가 되기도 한다.[24]

그만큼 연극기술은 우리의 자아를 변화시킬 수 있는

놀라운 힘을 지녔는데,

기독교 순교자의 연극을 맡은 제네시오[Genesius]가 자신의 역할에 신실한 나머지 연기 도중에 실제로 개종을 하는 바람에 연극 도중에 처형당한 일화는 무척 흥미롭다.

24) Tzachi Zamir. Acts: Theater, Philosophy, and the Performing Self. University of Michigan Press, 2014, p.15.

3.

우리가 환기해야 할 논점은 이것이다.

연극 기술은 좋은 습관을 형성해내는 데 매우 효과적이라는 것.

그리고 그것은 다만 첫 걸음이라는 것.

따라서 그 걸음을 걷고 또 걸으면,

언젠가는 자신과 자신의 욕망이 하나가 된다는 것.

"연습이 대가를 만든다."는 유명한 독일 속담처럼

좋은 삶을 살 수 있는 지혜나 지식은,

오직 반복적인 실천을 통해 자신의 몸의 일부로 만들 때,

그때 실존의 변화가 찾아온다.

습관은 삶의 내용물이자 그릇이다.

좋은 습관이 곧 좋은 삶이다.

4.

미래는 알 수 없다.

어떤 불행이나 사고나 궁핍이나 고통이나 상실이 찾아올지

알 수 없다.

스토이시즘의 현명한 실천자들은,

우리가 이길 수 없는 비극적 상황에서도 평정을 잃지 않기 위해

다음과 같은 연극적 삶을 때때로 실행했다.

마치 극빈자인 것처럼 밥을 먹고 옷을 입고 잠을 자기도 한다.
마치 모든 것을 잃은 자처럼 생각하고 행한다.
현자들에 따르면,
하루든 몇 시간이든 때때로 그렇게 하면,
큰 고난을 당해도 마음 잃지 않는다.

5.
더 나은 내가 되기 위해,
내일은 오늘보다 좋은 삶을 살기 위해,
스토이시즘 실천자들은 매일 잠들기 전,
가만히 생각에 잠겨 '그날 행한 언행들'을 떠올렸다.
나는 곧 내가 한 말이며 행동이다.
그것이 내 얼굴이며 내 존재다.
글쓰기란 곧 수도 없이 행하는 '글 고쳐 쓰기'이듯
진실한 의미의 언행은,
일상에서 행하는 '언행 챙김'이며,
매일 행하는 '언행 되새김'이다.

○ 에필로그
다시 또다시, 생각을

인간과 삶에 대해 이야기하는 것은 참 어렵다.
넓이를 종잡을 수 없고 깊이를 알 수 없는 심연이어서
무척 조심스럽다.
예수나 공자 같은 성인聖人이 아니고선 감히 입댈 사안이 아니다.
인문학이라는 고상한 이름을 빌려
마치 득도한 사람마냥
인간이란 이러저러한 존재며, 삶이란 이런저런 것이라고,
목사 설교하듯 웅변하는 풍경들이 안쓰럽고 서글프다.
나 또한 글이라는 매체 뒤에 숨어 그리하나 싶어 무척 겸연쩍지만,
다만 글이니
사리에 맞지 않다 싶을 땐
언제든 내쳐져 무력해질 수 있다는 점이 큰 위안이다.

인간답게 사는 것은 만만치 않다.
무엇보다도 생각이 짧고 미련해서 그런데
세상은 고사하고 나 자신마저 마음대로 할 수 없어서 더 그렇다.

내 마음도 내 마음대로 잘 안 되고,
내 몸도 내 마음대로 잘 안 된다.

선생을 오래하다 보니,
상대가 학생이 아닌데도 나도 모르게 가르치려 든다.
말을 늘어놓다 보거나 한참 말하고 나서야
비로소 잘못을 깨닫는다.
늘 말이 빨라 탈이다.
말하기 전에 생각하는 것은 훨씬 더 어려운 일이어서,
정신 차려 말하려 애쓴다.
그런데도 늘 말이 충분히 사려 깊지 못하고 가볍다.

글도 그렇다.
한참 후에 돌아보면 설익어 신산한 문장이 많다.
생각은 하고 또 해도 모자란다.
여기 풀어놓은 글들에 대해, 다시 그리고 또다시 생각해야겠지만,
때가 되면 일어나고, 때가 되면 먹고,
때가 되면 잠자리에 들어야 하듯
그것은 이제 나중에 도모할 일이다.
지금은 그저 내 생각의 그릇을 넘치는 글들이 없거나 적기를
희망할 뿐.
독자 제현의 가차 없는 비판과 가르침을 구한다.

좋은 삶의 기술

초판 1쇄 발행 2021년 03월 22일

지은이   이종건
사진   김재경

편집   김유정
디자인   문유진

펴낸이   김유정
펴낸곳   yeondoo
등록   2017년 5월 22일 제300-2017-69호
주소   서울시 종로구 부암동 208-13
팩스   02-6338-7580
메일   11lily@daum.net

ISBN   979-11-970201-6-2 03100